SHOUZHENG CHUANGXIN KAIXI

CHONGQINGSHI 2020NIAN GAOXIAO BIYESH
JIUYE CHUANGYE GONGZUO DIANXING JINGYAN

U0622001

# 守正创新开先局

## ——重庆市2020年高校毕业生就业创业工作典型经验

主　编　王　旭

副主编　徐晓黎

编　委　唐雪平　张红春

重庆大学出版社

————————— 内容提要 —————————

　　2020 年,重庆市高校毕业生就业创业工作取得显著成绩,为总结经验,并将好的经验进行宣传推广,重庆市教育委员会收集了 64 所高校推荐的 130 余篇 2020 年就业创业工作经验介绍,委托重庆高等学校学生管理工作研究会组织专家评审,遴选了具有代表性的 28 篇典型经验,并分别附上案例,供各学校和相关单位学习借鉴,为更好地推动重庆市高校毕业生就业创业提供智力支持。

**图书在版编目（CIP）数据**

守正创新开先局：重庆市 2020 年高校毕业生就业创业工作典型经验 / 王旭主编. -- 重庆：重庆大学出版社，2022.8
ISBN 978-7-5689-3576-0

Ⅰ.①守… Ⅱ.①王… Ⅲ.①高等学校－毕业生－就业－工作经验－重庆－ 2020 Ⅳ.①G647.38

中国版本图书馆 CIP 数据核字 (2022) 第 188416 号

## 守正创新开先局

—— 重庆市 2020 年高校毕业生就业创业工作典型经验

主　编　王　旭
副主编　徐晓黎
编　委　唐雪平　张红春
责任编辑：龙沛瑶　　版式设计：龙沛瑶
责任校对：刘志刚　　责任印制：张　策

\*

重庆大学出版社出版发行
出版人：饶帮华
社址：重庆市沙坪坝区大学城西路 21 号
邮编：401331
电话：（023）88617190　88617185（中小学）
传真：（023）88617186　88617166
网址：http://www.cqup.com.cn
邮箱：fxk@cqup.com.cn（营销中心）
全国新华书店经销
重庆升光电力印务有限公司印刷

\*

开本：720mm×1020mm　1/16　印张：14.25　字数：233 千
2022 年 8 月第 1 版　2022 年 8 月第 1 次印刷
印数：1—3 000
ISBN 978-7-5689-3576-0　定价：50.00 元

# 前　言

　　2020年春节前夕，一场突如其来的新冠肺炎疫情席卷祖国大地，企业停产、工厂停工，仿佛一切都突然静止了，给2020届高校毕业生就业创业工作带来前所未有的压力。在党中央、国务院的统一部署下，教育部和中共重庆市委、重庆市人民政府快速反应，出台一系列稳就业、保就业的政策举措，中共重庆市委教育工作委员会、重庆市教育委员会带领全市各高校积极作为，发挥高校"一把手"作用，形成高效的工作指挥体系，建立起较为完善的促进就业体制机制，利用现代信息技术手段，搭建起就业指导、岗位推送、保障服务平台，在促进大学生就业创业、应征入伍、面向基层就业等方面发挥了重要作用，涌现出一大批典型的经验案例。为发挥好典型经验的示范引领作用，重庆高等学校学生管理工作研究会在重庆市教育委员会的指导下，遴选出部分典型经验，配合相应工作案例，予以编辑出版，以期更多的高校学习借鉴，并推动形成长效机制，进一步促进高校毕业生更加充分和更高质量就业。

　　全书分为典型经验和典型案例两个部分。涉及的亮点涵盖领导重视、就业指导、市场拓展、创新创业、人才培养、就业信息化、产教融合、大学生征兵、就业援助、综合经验等方面。

编　者

2021 年 12 月

# 目　录

## 第一部分　典型经验

1. 扎实抓好"四个保障"，确保"一把手工程"落地见效 ………… 重庆大学 / 002

2. 弘扬"西迁精神"和"抗疫精神"，引导毕业生深耕基层，服务百姓健康
   …………………………………………………………… 重庆医科大学 / 007

3. 优化"121N"全程生涯教育体系，提升学生职业发展指导实效
   …………………………………………………………… 重庆师范大学 / 011

4. 推进"四个融合"，构建"四大体系"，引导高校毕业生扎根基层建功立业
   ………………………………………………………… 重庆第二师范学院 / 014

5. 多措并举，多方协同，扎实做好毕业生就业岗位拓展工作
   …………………………………………………………… 重庆三峡学院 / 018

6. 外建基地，内组联盟，积极拓展毕业生就业渠道 ………… 重庆文理学院 / 022

7. 巩固拓展就业市场，打造品牌双选活动 ………………… 重庆科技学院 / 026

8. 构建"创、赛、训"三位一体第二课堂创新创业教育体系 ……… 重庆大学 / 030

9. 构建"三化"体系，推进"三个融合"，四川美术学院通过创新创业教育
   立德树人 ………………………………………………… 四川美术学院 / 034

10. 战疫情、抓创业，构建"内外融合、三化递进、三方协同"的创新创业
　　教育生态系统……………………………重庆水利电力职业技术学院 / 038

11. "校政企"聚力培养电商创新创业人才 ……………重庆经贸职业学院 / 041

12. 与企业无缝对接的双体实训助力毕业生高质量就业…………重庆移通学院 / 045

13. 充分利用"云"技术助力战疫，确保毕业生就业局势总体稳定
　　…………………………………………………………重庆理工大学 / 049

14. 构建"1+1+X"智慧就业服务体系，促进毕业生更高质量和更充分就业
　　…………………………………………重庆电子工程职业学院 / 054

15. 搭建"三业"平台，提升学生就业创业能力………………四川外国语大学 / 058

16. 立足电力行业，服务基层建设，打造"四大平台"，确保就业服务"不断线"
　　…………………………………………重庆电力高等专科学校 / 062

17. "五聚焦五聚力"深化产教融合、产教协同育人，促高质量就业
　　…………………………………………重庆工业职业技术学院 / 066

18. 建立"两保障"，构建"三体系"，深化"四模式"，大型国企背景下深度
　　产教融合推动实现毕业生高质量就业……………重庆公共运输职业学院 / 070

19. 加强基层人武建设，当好征兵"四员"，推动毕业生参军就业
　　…………………………………………………重庆第二师范学院 / 074

20. 扎实做好四个"加强"，确保征兵工作落地见效………重庆人文科技学院 / 078

21. 以思想育人为主线，建设技能型军事人才培养基地
　　…………………………………………重庆机电职业技术大学 / 082

22. "四航"齐驱，创新模块化推进征兵工作显成效
　　…………………………………………重庆三峡医药高等专科学校 / 086

23. 构建"五维协同"退役军人保障体系，全面提升征兵成效
　　…………………………………………重庆电子工程职业学院 / 089

24."4321"协同联动，助力特殊困难群体毕业生就业攻坚

　　　　　　　　　　　　　　　　　　　　　　　重庆城市管理职业学院 / 093

25. 发挥四大优势，促进师范毕业生充分就业 …………………西南大学 / 098

26. 整合学校、家庭、校友、企业资源，积极打造就业命运共同体

　　　　　　　　　　　　　　　　　　　　　　　　　重庆邮电大学 / 102

27. 重庆交通大学"三聚三实"赋能毕业生就业 …………………重庆交通大学 / 105

28. 五强化、五夯实，助推毕业生充分就业、高质量就业 ……重庆工程学院 / 108

# 第二部分　典型案例

1. 多措并举应变局，开拓思路育新机，全力推进毕业生更加充分更高质量就业

　　　　　　　　　　　　　　　　　　　　　　　　　　重庆大学 / 114

2. 传承西迁精神，守卫人民健康 …………………………重庆医科大学 / 118

3. 落地落实落细，提升学生职业发展指导实效 …………重庆师范大学 / 122

4. 从西南到西北——让青春在基层绽放绚丽之花 ………重庆第二师范学院 / 125

5. 学校党委书记调研万州经开区，助力地方经济发展 ………重庆三峡学院 / 128

6. 整合资源，形成合力，就业联盟促就业 ………………重庆文理学院 / 132

7. 依托两业两域，全力开拓市场 …………………………重庆科技学院 / 136

8. 筚路蓝缕苦钻研，争当双创排头兵 …………………………重庆大学 / 139

9. 设计脱贫，致富乡村 ……………………………………四川美术学院 / 144

10."深化三大改革，突出激励保障"打造创新创业教育升级版

　　　　　　　　　　　　　　　　　　　　　重庆水利电力职业技术学院 / 148

11. 青春溢光彩，创业展芳华 ································ 重庆经贸职业学院 / 153

12. 携手航天央企，"双体实训"精准培育职场精英 ········· 重庆移通学院 / 156

13. "云"技术助力就业，确保就业局势总体稳定 ········· 重庆理工大学 / 159

14. 空中双选，就业战"疫" ····················· 重庆电子工程职业学院 / 164

15. 发挥训练营势能，提升学生就业创业能力 ············· 四川外国语大学 / 168

16. 将电专的光明送往山区的角落 ·············· 重庆电力高等专科学校 / 172

17. 政校企携手共建产业学院，共促就业创业高质量发展
················································· 重庆工业职业技术学院 / 175

18. 顺势而为，打造产学研合作新模式 ········· 重庆公共运输职业学院 / 178

19. 凝心聚力，把国防教育落到实处 ················· 重庆第二师范学院 / 181

20. 青春铸边防 ····························· 重庆人文科技学院 / 185

21. 苦练基本功，做年轻一代的和平守护者 ········· 重庆机电职业技术大学 / 188

22. 军营锤炼，谱写人生新篇章 ·········· 重庆三峡医药高等专科学校 / 192

23. 军魂犹在报国志，力学笃行重电人 ········· 重庆电子工程职业学院 / 196

24. 扎根基层奋斗，奉献无悔青春 ············· 重庆城市管理职业学院 / 199

25. 手指与粉笔的约定：一名公费师范生的成长足迹 ········· 西南大学 / 203

26. "三员"聚力，为毕业生就业引路导航 ············· 重庆邮电大学 / 207

27. 那里有最美的花朵在向阳盛开 ················· 重庆交通大学 / 211

28. 全员参与促就业，多措并举保质量 ············· 重庆工程学院 / 216

第一部分

典型经验

1

# 1. 扎实抓好"四个保障", 确保"一把手工程"落地见效

重庆大学

重庆大学以高度政治责任感落实党中央、国务院"保就业""稳就业"的决策部署，勇担"佑启乡邦、振导社会"的历史使命，践行以学生为中心的办学思想，落实就业"一把手工程"，切实抓好组织保障、条件保障、资源保障和服务保障，确保毕业生充分就业。2020届毕业生就业去向落实率达到94.73%，同比提升1.60%，就业情况稳中有升，就业大局基本稳定。

重庆大学 2021 年双选会现场

## 一、健全工作机制，提供组织保障

一是健全议事决策机制。成立学校就业工作领导小组，党委书记和校长亲自担任组长，党委常委会、校长办公会 2020 年专题研究部署就业创业工作 10 余次，研究印发《关于积极应对疫情影响扎实做好 2020 届毕业生就业工作的通知》，为 2020 届毕业生就业工作导航定向。二是落实目标责任制。按照"稳大局、优结构、提质量"目标要求，校领导与学院签订责任书，落实学院就业工作责任，确保各项工作抓好落实。三是建立督查促进机制。建立就业状况周报制，校领导通过就业状况周报实时动态监测学院就业工作进展，会同相关部门，督查学院就业工作领导小组，认真查摆问题，共同研讨举措，促进抓好落实。四是明确考核激励机制。将毕业生就业状况、指导服务质量等纳入年终考核指标体系，与学院资源分配挂钩。五是完善就业联动机制。学校将就业情况与学科专业规划和人才培养方案设计有效连接，及时将毕业生就业和需求状况反馈到招生和培养环节，实现了与人才培养体系同频共振。

# 中共重庆大学委员会文件

重大委〔2020〕23 号

★

## 关于成立学校就业工作领导小组的通知

各二级党组织、二级单位：

经学校党委常委会 2020 年第 14 次会议研究，决定成立学校就业工作领导小组。

中共重庆大学委员会文件

## 二、落实"四到位"，提供条件保障

一是机构到位。为了提高就业工作的指导水平和服务质量，积极引导学生到祖国最需要的地方去建功立业，学校克服编制紧张、机构改革难度大等困难，成立正处级建制的学生职业发展与就业指导中心。二是人员到位。为中心配备一正两副领导班子，14 名专职就业工作人员，校级专职人员配备达到 1∶500 的标准。三是经费到位。学校每年投入就业工作专项经费 500 余万元，超过学校年度学费收入 1% 的要求。四是场地到位。在各校区打造宣讲室、面试室、咨询室共计 23 个、一站式就业服务平台 2 个，总面积达 4 500 平方米，超过生均 0.15 平方米的标准。学校"四到位"落实情况位列全国同类高校前列，为就业工作顺利开展提供了强有力的条件保障。

## 三、深化开源拓岗，提供资源保障

一是挖掘市场岗位。学校整合多方资源，积极拓展就业市场。校领导加强与中国建筑集团、中国船舶集团等重点单位联系，带队先后走访 50 余家重点单位定向推荐毕业生；充分调动教职工、校友、校董事会单位等各方力量挖掘就业岗位，举办校友单位专场双选会；疫情向好后，以科学精准的防控举措，在全国高校率先恢复线下校园招聘，畅通就业主渠道。组织开展线上线下招聘会共 680 余场，参与单位近万家，岗位数与 2020 届毕业生人数比超过 10∶1。二是开发政策性岗位。学校出台了短期科研助理及管理助理聘用实施办法，投入专项经费 500 万元，满足了 272 名毕业生短期就业需求。三是支持毕业生多渠道就业。校领导带队深入学院宣传大学生征兵、西部计划等政策，出席欢送会并颁发证书，63 名毕业生投身军营，506 人加入选调生行列，16 人参加西部计划。

中国建筑集团 2021 重庆大学专场招聘会

重庆大学 2020 届选调生欢送仪式

## 四、创新工作模式，提供服务保障

一是开通"云服务"平台。启动 24 小时云招聘、云宣讲、云签约等智慧服务平台，确保就业服务不打烊。疫情期间 3 000 余名毕业生通过"云服务"平台成功签约。二是建立"屏对屏、面对面、心连心"的指导新模式。疫情期间，组织线上求职训练营、线上个体咨询、企业云参观等指导活动 120 余场，参与学生

就业云指导平台

达 16 000 余人次，确保就业指导不断线。三是开展"离校不离心"关爱行动。制订离校未就业毕业生追踪工作方案，建立离校未就业毕业生 QQ 群，提供精准就业指导，定向推送就业信息。截至 2020 年年底，1 181 名离校未就业毕业生在离校后成功就业。关爱帮扶就业困难学生，残疾毕业生全部实现就业，经济困难、湖北籍毕业生就业率均高于全校学生平均水平。

重庆大学落实"一把手工程"，推进毕业生更加充分更高质量就业取得了积极成效，尤其是疫情背景下，实现了就业去向落实率稳中有升的目标。毕业生和用人单位满意度保持在 97% 以上，投身国家重大工程、重大项目、重要领域就业的比例进一步上升，为国家和地方经济社会发展建设提供了有力的人才支撑。

（执笔人：杨舒麟、杨蓉、张红春）

# 2. 弘扬"西迁精神"和"抗疫精神"，引导毕业生深耕基层，服务百姓健康

重庆医科大学

重庆医科大学认真贯彻落实党中央、国务院关于引导和鼓励高校毕业生到基层就业的决策部署，大力开展以传承和弘扬"西迁精神""抗疫精神"为主要内容的就业思政工作，为国家培养和输送了一大批"下得去、留得住、干得好"的基层医疗卫生服务人才，致力于服务广大百姓身体健康，赢得了社会各界的广泛认可和好评。

## 一、以"两种精神"为牵引，筑牢学生服务基层的思想之基

一是以"西迁精神"铸造医学生服务基层的思想之魂。20 世纪 50 年代，遵照党中央的部署，400 余名上海第一医学院（现复旦大学上海医学院）教师响应党和国家的号召，踏上援建重庆的征途。他们舍小家、为国家，用理想信念和青春芳华铸就了医学教育史上的丰碑，也形成了重医人的西迁精神。学校通过和复旦大学上海医学院共建"爱国荣校"教育实践基地，举办"西迁精神"主题展览、座谈会等活动，用"始终与党和国家的发展同向同行"的"西迁精神"激励学生服务西部、扎根基层，牢固树立个人理想与祖国发展紧密联系的爱国奉献意识，参与师生超过 30 000 余人次。

二是以"抗疫精神"夯实医学生服务基层的思想之魄。在新冠肺炎疫情期间，广大重医人践行医学报国之初心，逆行湖北、守卫重庆、援外抗疫、科研攻关……在他们身上，体现着伟大的"抗疫精神"。学校通过开展"医之模样"抗击新冠肺炎疫情主题展览、"'疫线'重医前辈们向 2020 届毕业生寄语"、"师生

手绘最美逆行者"、"致敬逆行者"重医校友战疫掠影、"抗疫英雄"报告会等一系列活动，培养学生"仁心济世"的情怀，不忘医学报国的初心，参与师生超过26 000余人次。

上医重医西迁精神主题展览

重庆医科大学 2020 级本科生开学典礼抗疫教育

## 二、以就业思政为主线，厚植学生服务基层的内生动力

一是健全机制体制，完善就业思政工作体系。成立以校党委书记和校长为组长的"思想政治工作领导小组"和"毕业生就业工作领导小组"，制订工作方案，

统筹推进工作。形成了校党委学工部牵头,各职能部门、各学院协同配合、上下联动的育人工作格局,开创了就业思政工作"一盘棋"的育人新局面。

二是上好"一堂课",打造就业思政主阵地。把传承和弘扬"西迁精神""抗疫精神"教育融入学生的专业课、生涯规划和就业指导课,引导学生将"到人民最需要的地方去"的就业观融入自身的职业生涯规划与职业发展中,把个人发展和国家需要结合起来,勇于到条件艰苦的基层经受锻炼,实现人生价值。

三是强化典型引领,增强就业思政工作活力。充分发挥基层就业典型示范引领作用,每年选树一批典型,深挖其事迹及精神,通过班会、专题讲座、毕业典礼等形式持续开展典型事迹宣传推广,以鲜活的人物和案例不断激发就业思政工作活力,鼓励带动更多学生积极投身基层建功立业。

## 三、以服务保障为基础,解除学生服务基层的后顾之忧

一是强化条件保障。制定鼓励毕业生到基层、西藏、新疆等边远地区就业的奖励政策。对到西藏、新疆等边疆地区就业的学生特批授予"优秀毕业生"荣誉,设立"志愿服务基层奉献奖"并给予一次性现金奖励,近三年累计发放近50万元,并将基层就业工作纳入学院年终考核。

二是精准对接岗位。积极拓展对接就业岗位,与多个边疆地区建立长期合作关系,通过邀请进校举行专场宣讲会、招聘会等方式,鼓励并吸纳毕业生到基层就业。同时,对全体毕业生进行详细摸底和梳理,了解毕业生的就业意愿、家庭条件、学业情况等,一对一进行耐心细致的政策讲解和宣传动员,精准推荐就业岗位。

三是做好跟踪服务。建立定期走访制度,学校和学院领导每年带队深入基层,主动关心学生成长成才,了解毕业生工作情况,及时帮助解决在就业和工作过程中遇到的实际困难,持续做好就业指导和跟踪帮扶,用心用情帮助毕业生扎根基层,努力实现人生价值。

近几年,学校累计向重庆广大农村地区输送农村订单定向毕业生1 141人。特别是2020年,农村订单定向毕业生履约率达99%,为历年之最;到西藏、新疆、青海等边远地区基层就业151人,在西部省区就业的学生达1 455人,占已

就业毕业生的 68%，大幅超过往年。重庆医科大学毕业生在"西迁精神"和"抗疫精神"的鼓舞下，把个人理想追求融入国家和民族的事业之中，勇做时代的奋斗者和奉献者，为基层卫生事业发展和百姓的身体健康做出了积极的贡献。

（执笔人：胡宝、李飞、蔡莹）

# 3. 优化"121N"全程生涯教育体系，
# 提升学生职业发展指导实效

重庆师范大学

　　近年来，重庆师范大学秉持"就业育人"理念，以就业指导为基点，前置重心，促后发展，将生涯教育作为就业创业工作的重要抓手，通过构建优化"121N"全程生涯教育体系，制订适合不同年级学生的生涯教育课程，强调就业指导实效，在2020年就业"攻坚战"中起到了积极作用。

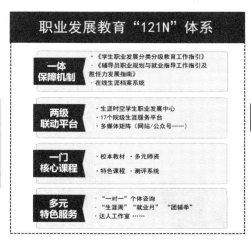

职业发展教育"121N"体系

## 一、畅通全程一体教育保障机制

　　2020年，学校研制出台《学生职业发展分类分级教育工作指引》，串联大一至大四生涯教育全过程，明确教育目标，细化实施方案，指引达成通道。开发在线生涯档案系统，帮助学生记录发展过程。编制《辅导员职业规划与就业指导工作指引及胜任力发展指南》，明确辅导员职业规划与就业指导能力发展路径，助力学生发展成长。

## 二、打造校院两级工作联动平台

通过校级"生涯时空学生职业发展中心"统筹全校生涯教育项目的开展与实施，依托设立在全校17个学院的生涯教育"二级站"，开展第二课堂特色项目，为学生提供全面的指导与服务；积极发挥生涯教育专题网站、公众号等多媒体平台信息传递和价值引领功能。

## 三、优化一门核心基础教育课程

一是强力推进线上教学。2020年初，新冠肺炎疫情暴发，秉承"停课不停学"的基本要求，职业生涯规划与就业指导教研室加强对任课教师的培训，保障通识必修课《大学生职业生涯规划与就业指导》圆满完成线上教学，涉及大一、大三学生近6 000人。二是引入校外优质课程。教研室引入优质培训机构相关课程2 000学时，为毕业年级学生提供公招备考、教师资格考试等各类针对性辅导，缓解了疫情期间学生的求职备考焦虑。三是提升辅导员指导能力。对2020届毕业生辅导员、就业专员进行专项指导培训，使其能够通过在线指导、咨询、答疑

典型课程材料展示

等方式，积极回应毕业年级学生关于毕业、就业、创业的重点关切问题，取得较好效果。通过上述措施，《大学生职业生涯规划与就业指导》课程在 2020 年下半年从全校众多通识必修课中脱颖而出，获批学校实践类一流课程。

## 四、丰富多元特色服务与活动

2020 年，学校通过"生涯活动周"和"就业活动月"品牌活动，针对学生普遍关心的"职场是什么样""典型行业或岗位的胜任素质有哪些"等常见困惑，以及"高质量的简历怎么写""多样化的面试怎么过"等刚性需求，在一个月内集中开展了"优秀校友面对面""HR 对你说""简历工作坊""无领导小组面试体验"等形式内容丰富的指导活动。2020 年全年，校、院两级平台共开展生涯讲座172 场、团辅 95 次，"一对一"生涯咨询 1 200 余人次，覆盖学生 2 万余人，在学生中产生了广泛积极的影响。

下一步，学校将进一步优化分类别、分年级的全程化职业发展教育体系，着力打造生涯教育的传统课堂和第二课堂，以生涯教育精品课程和特色活动为载体，帮助学生在职业发展过程中重视职业生涯规划、建立岗位胜任意识，不断追求职业成长成熟和求职竞争力提升。

（执笔人：田力）

# 4. 推进"四个融合",构建"四大体系", 引导高校毕业生扎根基层建功立业

重庆第二师范学院

为贯彻落实党中央、国务院关于引导和鼓励高校毕业生到基层就业的决策部署,确保毕业生能够"下得去、留得住、干得好",学校以教育引导、政策激励、培养改革和跟踪服务为重点,坚持推进"四个融合",完善"四大体系",唱响了毕业生到基层就业的主旋律。2020年,全校超过85%的毕业生选择在西部就业,其中参加基层项目、在西部农村学校任教、到新疆或西藏就业的毕业生近700人,超过已就业毕业生的20%。

党委书记为学生上开学第一课

## 一、推进思政教育与生涯教育相融合，构建基层就业教育体系

一是强化思政教育。坚持思政课、专业课和就业指导课相融通，全过程、全方位教育毕业生树立家国情怀和服务人民的使命担当。校领导连续 8 年亲自为毕业生开展"奋斗人生"专题讲座，邀请知名学者、优秀校友、志愿军老兵到校开设"阅享讲坛"，激发学生服务基层、报效祖国的热情。二是强化生涯教育。开设 20 学时生涯规划教育课程，开展生涯体验周、生涯规划大赛等活动，每年参加学生 6 000 余人次，引导毕业生将服务基层与职业发展相结合，树立到基层建功立业的价值观。三是强化实践教育。建立"四年一贯递进式"校外实践教学制度，全科教师专业的学生四年全程递进式深入农村小学。组织师生撰写《全科赋》《专业精神献辞》，开展传统拜师礼等仪式教育，增进教育情怀和基层情感。四是强化示范引领。加强先进典型案例的培养和宣传，近 3 年有 5 名毕业生扎根基础教育、服务乡村建设的事迹先后被《人民日报》《中国教育报》等媒体宣传报道。扎根山区小学的毕业生毛清静荣获 2020 年"重庆市大学生就业创业优秀人物"荣誉称号。

## 二、推进政策牵引与考核激励相融合，构建基层就业制度体系

一是完善工作措施。制订《2020 年毕业生就业工作实施方案》《应对新冠肺炎疫情影响做好 2020 届毕业生就业工作十条措施》，完善了鼓励毕业生到基层就

"八戒校园工场项目"揭牌

业的工作措施，确保工作顺利开展。二是出台激励政策。对到西部边远地区和基层就业的毕业生给予最高 3 000 元的奖励，同时发放交通补贴，2020 年为毕业生发放奖励近 55 万元。三是建立考核机制。把就业作为二级学院内涵建设考核的重要指标，将毕业生基层就业状况等纳入考核范围，实行就业与专业设置、招生计划、经费安排、评优评先"四挂钩"。

## 三、推进需求导向与培养改革相融合，构建基层就业培养体系

一是适应需求优化培养。每年召开教师教育合作办学会议、校企合作座谈会，邀请基层单位参与人才培养方案制订，通过共建课程、师资互派等方式共同推进人才培养。通过校领导"送岗赴教"到区县、组织赴疆学生走访等渠道，充分调研基层人才需求，将师范专业的实践教学学分占比调整到 30% 以上。二是深化校地合作育人。先后与重庆 19 个区县、新疆乌苏市、和布克赛尔蒙古自治县、疏附县等建立战略合作关系，建立了毕业生稳定就业的长效机制。近两年共 54 名毕业生入选"乡村师范生"计划和"未来教育家"项目，获得总计超过 500 万元的持续资助。三是争取招录政策支持。推动巫溪、秀山等 12 个合作区县将全科学生在校成绩纳入择岗考核的排序依据，激发学生学习动力，为基层就业毕业生开辟了绿色通道。

学校组织召开教师教育合作办学会

学校组织开展生涯体验周活动

## 四、推进市场拓展与跟踪服务相融合，构建基层就业服务体系

一是推进市场拓展。通过邀请农村基层学校、艰苦边远地区单位到校开展见面会，建立新疆、西藏等校友 QQ 群，组织用人单位走访等途径积极拓展市场，2020 年新疆、西藏用人单位向毕业生提供了 500 余个优质岗位。二是抓实政策解读。开展政策解读会、线上宣讲会、校友分享等活动，在双选会设立"边疆地区就业专区""西部计划招募专区"，帮助毕业生充分了解基层就业政策和职业发展情况。三是抓好跟踪服务。为保证毕业生能够扎根基层，学校严格落实学费补偿代偿、升学优惠等政策。疫情期间通过在线签约、快递服务、党员服务岗等措施协助办理就业手续。建立追踪回访制度，持续关注关心毕业生成长，让他们感受来自母校的温暖。据统计，近年来毕业生赴艰苦边远地区就业的履约率达 98% 以上，就业稳定率和满意度均达到 90% 以上，且呈现逐年上升的趋势。

（执笔人：胡轶众、杨波、成波）

# 5. 多措并举，多方协同，
# 扎实做好毕业生就业岗位拓展工作

重庆三峡学院

受疫情影响，学校因远离主城、区位劣势明显，毕业生岗位供需矛盾突出。为扎实做好岗位拓展工作，贯彻党中央、国务院以及重庆市教育委员会关于做好新冠肺炎疫情防控和毕业生就业工作的重要指示，学校出台《毕业生就业创业工作实施方案》，坚持"就业为本、创业至上"工作理念，按照"学校统筹、学院主体、全程指导、全员参与"和"广辟就业市场、广收岗位信息、一切为毕业生就业服务"的工作思路，多措并举，多方协同，2020届毕业生年终就业去向落实率达90.77%，较2019届提升2.5个百分点，稳中有升。学校获重庆市教育委员会、市人力资源和社会保障局"2020年普通高校毕业生就业创业工作成绩突出集体"表扬通报。

学校召开就业创业工作推进会

## 一、建立就业工作制度，全力保障岗位拓展工作

一是成立工作领导小组，科学研判就业形势。学校成立就业工作领导小组，靠前指挥、迅速应对，统筹推进新冠肺炎疫情防控和毕业生就业工作；各学院成立就业专项工作组，积极响应、精准施策，根据疫情动向整体研判就业形势，为毕业生保驾护航。二是实行目标责任制度，落实就业工作。按照"稳就业""保就业"要求和"更高质量和更充分就业"目标，落实就业工作责任制度，书记、院长负主体责任，分管副书记负直接责任；毕业班辅导员与专业教师、班主任等密切配合，共抓就业工作。三是单列就业工作，修改指标体系并落实考核任务。将招生就业从学生工作中单列，分值调至 10 分。年初制订就业工作计划重点，将引进用人单位数量、岗位数量、签约情况等通过任务分解纳入考评指标，确保工作落实。四是建立就业委员制度。要求毕业班建立就业委员制度，离校前用 QQ 群、微信等及时传递就业信息；离校后用市校两级就业信息平台、QQ 和短信等持续发布就业政策，推送岗位。五是建立就业工作激励制度。在资金困难情况下加大投入，对初次就业去向落实率达全市平均水平且特殊群体毕业生高于平均水平的学院，按学生人数及完成百分点给予激励；未达全市平均的专业按低于百分点减少激励金额；对完成就业工作的管理部门给予激励金额。2020 年，累计增加经费近 36 万元。

## 二、建立用人单位信息库，畅通毕业生信息资源渠道

一是聚焦重点，建立用人单位信息库。聚焦市场拓展重点，加强重要、知名和国有企业引进，及时更新用人单位信息库。2020 年新增重点企业 203 个。二是充分挖掘利用校友资源。依托广东、浙江和四川等省校友回校招聘，举办校友专场招聘会 11 场，累计提供有效岗位信息 1 125 条，帮助近 60 名毕业生就业。三是免费建立大学生就业短信平台。每年 9 月将下届毕业生手机号码录入平台，第一时间推送校园招聘和重大招考信息。2020 年累计发送重要就业信息近 208 条。四是汇编风采录，向用人单位优荐优生。遴选前 10% 优秀毕业生汇编成《优秀毕业生风采录》，集中寄至重点企业和用人单位。五是依托信息库，诚邀用人单

位到校招聘。按时间节点通过就业信息网、电话、信函、用人单位 QQ 群等途径邀请用人单位到校招聘。2020 年发送就业招聘、招考信息 100 余条。

## 三、强化就业市场拓展，狠抓用人单位校园招聘引进

一是转向本土拓展就业岗位。按照疫情常态化要求转变拓展思路，转向重点引进本土大型、知名和国有企业。9—11 月赴主城、两江新区、涪陵等地工业园区开展外联活动，外联重点企业达 63 家，支持校园招聘引进。二是依托多方资源拓展就业市场。依托政府职能部门、人力资源机构和校友资源，引入浙江绍兴市、宁波市和长兴县人力资源和社会保障局等机构组织开展专场招聘会，邀请广东等优秀校友返校招聘并开展职业规划和就业指导讲座，打造竞争力。三是争取地方部门来校招聘。争取三峡库区、渝东北部分人力资源和社会保障局和教委支持并邀请组织单位到校招聘。2020 年 6 月党委书记李廷勇调研万州经开区，与经开区党工委副书记、管委会主任蒲承明就人才培养及学生就业等展开交流；11 月万州国家级经开区组织 20 余家企业来校举办专场招聘会助推就业。四是做好各类双选、招聘会组织工作。为 2020 届、2021 届毕业生举办大型招聘会 3 场；举办宁波专场、绍兴专场、IT 人才专场等中型招聘会 6 场；举办校园专场招聘会 216 场，来校企业 732 家，累计提供岗位达 19 330 个，岗位供需比超 3.5∶1。加上就业信息网为毕业生提供的其他招聘信息 2 200 余条，累计岗位 32 360 个，岗位供需比超过 5∶1。

企业 HR 现场给毕业生作指导

重庆三峡学院举办库区腹地高校 2020 届毕业生双选会

## 四、加强多样化渠道建设，促进学生充分就业

一是分类整合线上就业资源。切合疫情防控要求，从线下转向线上，分类整合省、市、兄弟高校就业信息网和地方人才供需对接平台、企业线上招聘网站等线上就业资源，做好就业招聘信息的分类发布与精准推送。累计推送有效线上招聘信息 2 200 余条。二是积极做好网上招聘活动。适应疫情常态化防控要求，做好教育部"高校毕业生全国网络联合招聘——24365 校园招聘服务"活动、重庆市教育委员会与人力资源和社会保障局推进的"就在山城　圆梦青春——重庆市 2020 年普通高校毕业生大型网络双选活动"等各级各类网上招聘活动。三是做好离校未就业毕业生工作，确保"就业不断线"。针对学校地域限制，联系并邀请区人社局对在渝有就业意愿且未就业毕业生提供岗位，保底就业。200 余名离校未就业毕业生借此成功就业。

（执笔人：曾继平、林辉春、张晓渊）

# 6. 外建基地、内组联盟，积极拓展毕业生就业渠道

重庆文理学院

重庆文理学院是"全国毕业生就业典型经验高校"和"全国创新创业典型经验高校"。为积极应对新冠肺炎疫情，落实党中央、国务院"稳就业""保就业"的决策部署，学校积极拓展就业市场，全力做好毕业生就业工作。2020 届毕业生初次就业去向落实率达 85.03%，同比增长 0.06%，高于重庆市本科高校平均水平6.23%，毕业生对学校满意度为 97.56%，同比增长 2.56%。

## 一、聚焦成渝地区，深化校地校企合作

抓住成渝地区双城经济圈建设契机，深挖成渝两地就业潜力。一是与重庆高新区、九龙坡区、永川区、荣昌区、璧山区、大足区等建立产学研战略联盟，与四川成都龙泉驿区、青白江区，泸州国家高新区等建立合作关系。二是与阿里云、百度、华为、腾讯、HTC、固高、东软国际等知名企业合作，共建华为网络与信息学院、固高机器人工程学院、达瓦大数据虚拟现实研究院等产业学院，共建 20 余个校企合作实验班，与重庆京东方、深圳莱宝高科技、武汉华中数控等300 余家行业企业共建教学、科研、生产一体化的实践教学基地。三是与重庆建工、宗申动力、龙湖、长城汽车、东鹏陶瓷、雅迪科技等本地 200 余家行业领域内重点企业建立稳固的招聘合作关系。据统计，毕业生中 70% 的学生在成渝地区就业，接近 40% 的毕业生就业于与学校有长期联系的实习就业基地、校企合作和校园招聘单位。

校地校企合作专场招聘

## 二、组建就业联盟，提供充足就业岗位

学校所在地永川是成渝地区双城经济圈的重要节点，国家《成渝地区双城经济圈建设规划纲要》中提到"支持永川建设现代制造业基地和西部职教基地"。为整合资源，吸引有影响力的地区及企业组团前来永川招聘，学校联合永川区17所本科及中高职院校成立西部职教城就业联盟，建立从"产线工人""技术管理"到"科技研发"等多层次的"人才超市"，实现每年联盟4.2万名毕业生打包推送。联盟学校定期召开工作研讨会，统一举办就业师资培训，组团外出拓展就业市场，联合举办各种形式招聘活动。2020年学校共举办8场大型线上、线下双选会及15场中等规模招聘活动，组织中铁六局、中建三局、三安光电、浙江亚厦等3 390家用人单位到校或线上进行招聘，提供招聘岗位90 157个，岗位供需比从2019年的3.16∶1提高到8.99∶1。

## 三、面向东部沿海，建立优质就业基地

一是通过"走出去、引进来"的方式，加强与珠三角、长三角及东部沿海地区政府合作，先后与江苏昆山，浙江绍兴、东阳、台州、长兴，福建厦门、晋

就业基地专场招聘会

江、石狮、三明，深圳龙岗等地方政府签订"专业人才培养基地""政校企合作""校地共建人才工作联络站"协议，建立政府引才基地和联络站 12 个。二是组织以上地区的优质企业每年定期组团到校招聘，为学生提供优质就业岗位。2020 年先后举办了"智汇台州·百校引才云招聘""江苏昆山国家高新区企业秋季组团校园招聘""招才引智·筑梦狮城福建省石狮市名优企业专场招聘会"等线上、线下招聘活动 15 场，参会企业 1 526 家，提供岗位 49 251 个，岗位数量比 2019 年增加 8 倍。三是出台《重庆文理学院促进毕业生就业十条激励政策》文件，对二级学院与东部沿海地区企业建立就业基地，举办专场招聘和输送毕业生就业，给予专项经费支持。近三年学校到东部沿海地区就业人数逐年增多，2020 届毕业生到浙江、广东、福建等东部沿海五省就业人数超过 500 人，占毕业生总数 10%。

## 四、搭建网络平台，云端连线助推就业

　　学校提前预判新冠肺炎疫情对就业的冲击，积极搭建网络招聘服务平台助推就业。一是加大对教育部"24365 校园招聘服务"、2020 届普通高校毕业生就业"百日冲刺"行动等各类网络双选活动的宣传和组织力度，毕业生投递简历同

**重庆文理学院线上招聘专场**

比增加 45%。二是借助智联招聘、汇博网、海智汇等网络平台开展线上招聘和视频面试。三是通过"互联网＋"就业，提供"无接触"指导和服务。举办"云上直播"、公招公益培训等就业专题讲座 21 场，4 617 人参与；通过"重文理就业"微信公众号，发布招聘、指导和政策类文章 1 200 余篇，关注总人数达 13 264 人；采用辅导猫 App 实时掌握毕业生就业状况，保证数据统计的及时性、准确性，大大提高了辅导员工作效率。

（执笔人：周道林、朱复明）

# 7. 巩固拓展就业市场，打造品牌双选活动

重庆科技学院

重庆科技学院高度重视毕业生就业市场建设，坚持把为毕业生提供更多高质量就业岗位作为就业工作的重要抓手，尽管 2020 届毕业生在受到新冠肺炎疫情的影响，学校仍不断健全市场拓展机制，利用稳定的就业基地，实现了 2020 届毕业生充分高质量就业，毕业生就业率近年来始终保持在 90% 以上。

## 一、依托行业，建立"雪球模型"就业市场拓展机制

学校结合学科专业特色，依托"两业两域"（石油行业、冶金行业、安全领域、重庆地域），不断巩固和拓展就业市场，建立了具有科院特色的"雪球模型"就业市场体系。一是建立巩固核心市场，围绕学校石油、冶金等特色专业，积极对接国内各大石油单位和钢铁企业，并主动开拓近年来因石油和材料行业发展而

重庆科技学院走访石油行业用人单位

重庆科技学院走访冶金行业用人单位

产生的燃气公司、LNG公司、油田服务公司、新材料科技公司及川渝地区对学校认可度较高的用人单位，建立了稳定的核心市场和中间市场，吸纳毕业生就业的比例达到70%以上；二是积极拓展就业渠道，抓住国家"一带一路"和长江经济带发展战略、中新（重庆）战略性互联互通示范项目、成渝双城经济圈建设等战略机遇，围绕重庆市战略性新兴产业和现代服务业、现代农业创新项目的发展要求，大力拓展就业岗位；三是加强校地合作，学校先后和浙江省东阳市、绍兴市、杭州市萧山区、宁波市保税区、江苏省泰州市、新疆克拉玛依市以及重庆市内相关区县等地合作，邀请地方组织优质企业到校招聘毕业生，共举办20余场专场招聘会。

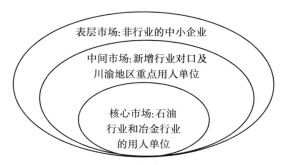

重庆科技学院"雪球模型"就业市场体系结构

## 二、依托基地，建立分级分类联络机制

为进一步做好毕业生就业单位的拓展、联系和接待工作，建立、发展、维护

一批长期稳定的毕业生就业基地，学校建立了分级分类联络长效工作机制。一是实行分类管理，根据招聘单位的规模、累计招聘毕业生的数量、拟招聘毕业生数量及所涵盖学院的情况，将毕业生招聘单位按照校院两级划分为校级重点、校级普通、院级重点、院级普通四种类别，同时分别建立校、院两级毕业生招聘单位信息库，切实加强分类管理和对口联系。二是做好分级联络，学校就业部门和各学院分别负责校级和院级招聘单位联系工作。每年主动寄发毕业生生源信息和毕业生招聘活动计划，邀请相关单位到校招聘毕业生；重要节假日问候人事部门有关人员；招聘单位举办重大活动时（如厂庆、上市、合并重组等），主动发函祝贺或赠送纪念品；坚持市内重点单位每年走访一次，市外重点单位每年电话回访一次、每两年走访一次；普通单位每年电话回访一次。三是强化制度保障，根据就业基地分类联络机制，学校制定了《重庆科技学院普通本科毕业生招聘单位分类联络办法》等制度，切实保障校企良好合作关系，持续深入推动毕业生就业招聘工作。

重庆科技学院与用人单位签订就业地基地协议

## 三、依托平台，建立品牌化、精品化双选活动机制

一是搭建线上线下服务平台，学校在 2014 年建成了大学生就业创业服务中心，占地 1 500 平方米，设施先进，功能完善，被评为重庆市普通高校毕业生就业示范中心；同时，积极引进"云就业"平台，建成了毕业生生源信息填报及逐

级审核系统、用人单位注册及申请招聘预约系统等，硬件和软件的提档升级有力保障了毕业生就业工作的开展。二是开展精品化校园双选活动，充分发挥就业创业服务中心场地优势，依托"云就业平台"，积极打造"周五双选"会品牌化招聘活动，在毕业生就业的高峰期，每周五或隔周五定期举办小型化、精品化的双选会，获得用人单位和毕业生高度认可，成为学校对外宣传的一个重要名片。同时，要求各学院每年至少举办一场专场招聘会，纳入对学院每年的工作考核，动员全体教师邀请用人单位到校招聘，并积极到会推荐毕业生就业，形成了全员参与毕业生就业工作的良好局面。

重庆科技学院举办"周五双选"会

（执笔人：张琪、伍静）

# 8. 构建"创、赛、训"三位一体
# 第二课堂创新创业教育体系

重庆大学

面对严峻复杂的就业形势，重庆大学团委围绕"为党育人、为国育才"这一根本出发点，聚焦学生创新创业能力这一关键落脚点，以强烈的政治责任感和历史使命感出实招、做实功、求实效，构建了"创、赛、训"三位一体第二课堂创新创业教育体系，形成了第二课堂推进大众创业万众创新的有效途径，切实提高了学生创新创业能力，让学生创业有能力、就业有实力，学校入选2020年国家双创示范基地等。

## 一、以创为核心，搭建多渠道"双创"平台，促进项目孵化落地

一是建立学生创客空间、学生创业基地，与PNP、HAX等专业孵化器合作，为跨专业、跨校区的学生创新创业提供创意交流、资源对接、路演展示、专家辅导等服务。担任中国高校众创空间联盟主席团成员（重庆市唯一一个主席团成员）、全国大学生就业创业服务联盟团体理事等，联合建成国家级众创空间、全国高校实践育人创新创业基地、全国创业孵化示范基地等，建成重庆市青创空间、重庆市青创工作室等，形成多层次、分类别的"双创"平台。

二是鼓励结合学科专业、个人兴趣等，跨学院、跨专业组建学生创新创业团队。分类设立了学生科学技术协会、KAB创业俱乐部、大创项目办、学生创业基地理事会，引导学生进行跨学科、团队式创新创业，连续两年获评全国高校创业社团十强，获评全国优秀大学生社团、重庆市五四红旗团支部等。

三是积极推进优秀学生创新创业项目转化落地，及时了解项目实际困难，不

断加大政策、平台、资源等方面的支持。（1）所孵化的在读研究生创办的重庆云威科技有限公司，从 7 名大学生的科技微企，发展成为稳定营收上亿元、员工 300 余人的高新技术企业。（2）所孵化的在读研究生创办的重庆伏特猫科技有限公司，获得数轮融资，公司估值上亿元，获评全国大学生"小平科技创新团队"，创始人入选 2020 年福布斯亚洲 30 位 30 岁以下精英。（3）所孵化的重庆锐云科技有限公司、重庆猫咪科技有限公司在重庆股份转让中心（OTC）成功挂牌等。

师生合影

## 二、以赛为突破，打造多层次"双创"竞赛，推动学生敢闯会创

一是坚持创新引领创业，创建"1（挑战杯）+2（"互联网 +"与"创青春"）+N（相关创新创业竞赛）"的校级创新创业竞赛群，真正做强、做大校级竞赛枢纽，带动学生积极投身市级、国家级、国际级比赛。拓展创新创业竞赛内涵，实施"五阶段阶梯式"的实训，开展国家级、市级创业训练项目、实践项目和学校专项资金项目。

二是以赛促学、以赛促创成效显著，参赛学生数量稳步增加，2020 年较 2019 年参赛学生数量增长 23%。（1）"互联网 +"竞赛。在第六届中国国际"互联网 +"大学生创新创业大赛中，斩获金奖 1 项、银奖 3 项、铜奖 3 项，连续三年获得重庆最好成绩。在第五届中国"互联网 +"大学生创新创业大赛中，斩获金奖 2 项、银奖 4 项、铜奖 2 项，实现了重庆市在国赛上金奖零的历史性突破和西南地区在国际赛道上金奖零的历史性突破。（2）"挑战杯"竞赛。在 2020 年"挑战杯"中国大学生创业计划竞赛中，斩获金奖 1 项、银奖 4 项、铜奖 2 项，总分并列全国第十六名，捧得"优胜杯"，刷新重庆市历史最好成绩。（3）"创青春"竞赛。在 2020 年"创青春"中国青年创新创业大赛（互联网组）中，斩获金奖 1 项（共 9 项、西部唯一）、银奖 1 项（共 15 项）等。（4）其他竞赛。在由中国工程院、英国皇家工程院和美国国家工程院共同主办的第四届全球重大挑战论坛协作实验室竞赛中，入围全球最佳提案前四强，斩获并列第二名。连续两届斩获重庆市大学生创新创业大赛唯一特等奖等。（5）承办市赛。连续两年联合璧山区承办中国国际"互联网 +"大学生创新创业大赛重庆赛区比赛，承办"挑战杯"重庆市选拔赛、iCAN 国际创新创业大赛西南赛区比赛等。

重庆大学参加第五届"建行杯"大赛

### 三、以训为基础，举办多元化"双创"活动，营造浓厚文化氛围

一是建设"一讲堂、一训练营、一培训班、一分享会"的第二课堂创新创业培训体系，坚持"面向全体、逐层递进"，汇聚政府、学校、校友、社会多方力量参与，厚植校园创新创业沃土。

二是成功举办二十四届科技文化节，打造"树声"青创大讲堂、"树声"青创训练营、"树声"青创培训班、"树声"青创分享会等品牌活动，每年举办 200

余场创新创业培训活动。

　　三是学生入选福布斯中国"30位30岁以下精英"榜单、全国大学生创业英雄十强等，获评第十二届中国青少年科技创新奖等。

领导重视

（执笔人：李成祥、王鹏飞）

## 9. 构建"三化"体系，推进"三个融合"，四川美术学院通过创新创业教育立德树人

四川美术学院

四川美术学院把创新创业教育作为提高人才培养质量的着力点、深化高等教育改革的突破口、学校可持续发展的新动力、学生实现人生梦想的新路径。按照"人无我有，人有我优，人优我特"创新创业思维，通过工作常态化实现"人无我有"，通过中国本土化实现"人有我优"，通过川美特色化实现"人优我特"。同时也促进了创新创业教育和通识、思政、专业深度融合。

**教育部原部长陈宝生莅临园区与创业大学生亲切交流**

2017 年，四川美术学院同时获得"深化创新创业教育改革示范高校""全国创新创业典型经验高校"称号。

## 一、通过"五个一",实现工作常态化

创新创业教育,首先要解决工作常态化,实现"人无我有"。四川美术学院通过"五个一"来实现创新教育、实践常态化。即一个融入:实现创新创业教育与人才培养深度融入,开设创新创业工坊;每周举办一次创新创业讲座;每月举办一次创业导师问诊会;每季度学期举办一期创新创业实验班;每年举行一次创新创业大赛。

四川美术学院拿出临街商业门面,打造了 1.2 万平方米大学生文化创意微型企业园,可同时容纳 129 个大学生创新创业团队。该园区是重庆以及全国同类艺术院校中规模最大的园区之一。

四川美术学院大学生文化创意微型企业园外观

截至 2020 年年底,该园区成功孵化了微型企业 225 家,每年培育创新创业孵化团队 70 余个。该园区也孵化了一批创新创业典型,如 2017 年毕业的胡楚靓。该园区 2020 年"双十一"一天销售额达到 3 200 多万元,2020 年销售额突破 3 亿元大关。

## 二、植根中国,实现中国本土化

在工作常态化即"人无我有"基础上,四川美术学院还推动创新创业教育中

国本土化，实现"人有我优"。四川美术学院深度挖掘《论语》中理性的世界观、进取的人生观、追求自我完善的道德观以及和谐的人际关系等优秀思想，编写了《阅读经典，创业人生——〈论语〉篇》讲义稿，促进了创新创业和通识教育的融合并开设专题创新创业实验班。激发了大学生对中国传统文化学习的兴趣，增进了对中国文化的自信。一部分创业团队将传承中国优秀传统文化作为团队的价值追求。创业大学生钟崇瑶参与了 104 集国产动画片《孔子》后 52 集的制作，传播了中国文化。

四川美术学院还深度挖掘《毛泽东选集》中的创业精神、思维方法和时代精神，整理成《阅读经典，创业人生——〈毛泽东思想与创业精神〉篇》讲义稿并开设创新创业实验班。创新创业和思政的深度融合，激发了大学生对习近平新时代中国特色社会主义思想、毛泽东思想的学习兴趣，激发了优秀创新创业青年入党动机并加入党的组织。为了进一步加强对创新创业大学生价值观的引导，2018年，四川美术学院大学生文化创意微型企业园党支部成立。

中共中央组织部莅临园区调研学校创新创业＋思政和园区党建

## 三、结合学科优势，实现校本特色化

在工作常态化、中国本土化基础上，四川美术学院结合学科、专业优势，推动创新创业和专业深度融合，促进了创新创业校本特色化。

　　创新创业，学生是主体。四川美术学院 2017 年制订了《四川美术学院本科学生创新创业学分认定与管理办法》。规定学生除开 2 个创新创业必修课学分外，还应最低取得 2 个创新创业实践学分，方可取得毕业资格。借此引导学生结合自身专业，参与创新创业实践活动。学校为每名学生建立了创新创业档案和成绩单。

　　创新创业，教师是主导。四川美术学院积极引导专业教师结合学科、专业优势，打造"艺术创新工坊"双创系列特色课程。自 2018—2019 学年起，学校开设了 14 门"艺术创新工坊"系列特色课程，借此培育大学生创新创业训练计划项目和创新创业孵化项目。为更好引导专业教师聚力创新创业教育改革，学校还专门组织立项多个创新创业教育改革专题研究项目并纳入校级教改项目进行建设管理。自 2017 年以来，学校共有 30 个校级创新创业教改项目获得重庆市教改项目立项。

　　通过创新创业教育及实践，学校实现了高等教育立德树人的根本任务，也实现了"高素质、创新性、实践型"人才培养目标。四川美术学院毕业生就业创业竞争力得到明显提升，近三届大学生平均创业率 10.1%。

（执笔人：杜泰山、杨寒）

# 10. 战疫情、抓创业，构建"内外融合、三化递进、三方协同"的创新创业教育生态系统

重庆水利电力职业技术学院

学校积极应对新冠肺炎疫情冲击，按照"战疫情、抓创业、促就业"的思路，基于"技术化→商品化→市场化"的双创教育路径，重新整合内部（平台、教学、师资、后勤）和外部（行业、企业、政府、专家）资源，构建"内外融合、三化递进、三方协同"的创新创业教育生态系统，激发学生双创内生动力，推进创新创业工作并取得了积极成效。

## 一、强化认知、提升技能，完成创业"技术化"积淀

在双创"技术化"环节，着力于通过实践训练提升认知和技能，练习如何把概念具象为"产品"。为保障疫情期间需求，含 5 544 个实训工位的共享型实训平台系统全天错峰开放，并同步开发双创云辅导平台资源；与京东校园等共建 15 个校外双创实践基地，开发线上创业实践训练项目 64 个，5 800 人次在校生参与。

## 二、外部调研、真实演练，完成创业"商品化"进阶

在双创"商品化"环节，着力于理解企业运营，真实项目预演把产品推向校内市场。学校深挖行业龙头企业资源，以创业协会为主体，通过线上开展需求发布、接单、过程管理等完成企业调研和科研服务，2020 年创业协会新吸纳 3 300 名学生，增长 60%，接单 20 余个调研项目；新组建生态与园林景观等 12 个科创团队，150 名学生参与科研技术服务，师生发表 20 余万字的双创论文集；在疫情防控背景下，开辟校内真实创业（又称"真创"）演练场，利用学校全部后勤资

源真实创业，学校提供 500 余万元资金和资源，在校生注册成立泽丹物业等 5 家创业公司，提供校园物业管理、保洁绿化、维修维护等后勤真实创业实践，2020届学生参与后勤真实创业 700 余人。

## 三、真创导入、项目孵化，完成创业"市场化"转化

在双创"市场化"环节，引入企业真实项目在校内孵化，真实创业公司把产品推向校外市场。依托全国水利职教集团及合作企业资源优势，导入真实双创项目，保障资金、技术、设备等投入；将原有的 4 700 平方米大学生创业孵化园升级为集成式双创服务平台，强化线上专家指导、模拟训练，专项帮扶疫情中融资困难项目，2020 年帮扶 5 个项目融资 30 余万元。疫情下，学校仍引入企业 34 个，培育项目 30 个，其中 2020 届学生创业培育项目 21 个，增长 80%。

## 四、开展"三方协同"，整合"政、校、企"资源

校际协同。学校与重庆大学等共建高校双创教育研究组，2020 年 12 名专家联合开展"疫情下双创教育模式创新"课题研究；与万学教育共建创业学院，打造双创"金课"；借助重庆三峡学院农业技术资源，强强联合开发"巴山老坛"等 6 个创业项目。

校企协同。一是疫情期间将双创专项基金增至 100 万元扶持学生创业项目；二是完善双创在线教学资源库，构建学分制下的双创课程体系，与普天大数据共建产业学院，共同开发 CVC 线上特训课程系统；三是完善专兼结合的"双创导师"团队，2020 年新增校内外双创导师 50 余人，实现全校专职教师 100% 取得创业导师资格证。

校地协同。借助"成渝经济圈"重点产业和战疫助农等项目扶持政策，以双创"助力脱贫攻坚、服务战疫助农"为主题，深入 10 个乡村，成功打造"巴山老坛""苗妹香香"等创业项目 12 个。由成渝经济圈双创导师联盟、市教委、青年商会等政府双创工作专家作为校外智力支持，指导教学、训练和创业项目，开展"创客沙龙·半月谈"在线讲座 120 余场，参与学生 1.2 万人次，有效提升创业就业能力。

学院 2020 年大学生 GYB 创业骨干培训

学校以疫情为契机，促进校内外资源集成融合、政校企协同互动，双创教育成效显著：2020 年遴选校级双创竞赛项目 954 个，学生参赛率 100%；参加第六届"互联网＋"等双创大赛获国家级银奖 1 项，铜奖 2 项，市级奖项 68 项，受表彰 400 余人次，较上年再获突破；成功孵化创业项目 10 个；创业项目营收较上年增加 68%；精准扶贫项目"苗妹香香""小城故事"，获营收逾 1.6 亿元，带动 2 省 6 县 1 000 余户农户脱贫增收。以创促就，提供学生创业实践和就业实习岗位 680 个，较上年增加 55%。2020 届毕业生初次就业去向落实率达 96.11%。接待市内外 30 余所院校来考察交流，《中国教育报》等 30 余家媒体宣传报道。

德国 BBM 集团参观大学生创业孵化园

（执笔人：胡先学、陈吉胜）

# 11. "校政企"聚力培养电商创新创业人才

重庆经贸职业学院

重庆经贸职业学院主动对接、积极融入国家创新驱动发展、"一带一路"倡议、长江经济带等国家发展规划，高度重视大学生创新创业工作，坚持以"培养优秀大学生、成就优秀创业青年"为育人目标，不断探索将创新创业教育融入人才培养全过程。作为渝东南地区唯一一所民办高职院校，重庆经贸职业学院是"国家级众创空间""重庆市大学生创业示范基地""市级大学生创业园"，积极争取地方政府重视和支持，引进知名电商企业参与，"校政企"聚力培养电商创新创业人才。

## 一、齐抓共管，校内聚力育人

为贯彻落实好《国务院办公厅关于深化高等学校创新创业教育改革的实施意见》，学院成立了创新创业工作领导小组，形成了"校长主管、创新学院具体负责、教学工作部、学生工作部、招生就业工作部、校团委、各二级学院等部门密切配合"的创业工作机制。2015 年独立设置了创新学院，作为创新创业工作的具体工作机构，学院董事长担任院长，配置 8 名专职、12 名兼职创新创业工作人员。建成 1 500 平方米的电商培训中心，拥有 100 个培训工位，会议室 2 间，培训教室 5 间，40 个直播间，500 平方米的仓储场地。常态化开展电商创新创业人才培养，以项目为载体，主动开展电商创新创业人才需求调研，形成电商创新创业人才培养科研报告，争取地方政府支持，纳入国家电子商务进农村综合示范项目，成功将黔江区电子商务创业孵化基地落户学校。同时，遴选引进知名电商企业浙江义乌市望旺电子商务公司，聘请浙江大学教授与其团队作为电商创新创业培训导师。坚持人才培养目标与电商产业发展需求、课程教学内容与电商职业标准、教学过程与电商创业就业教育"3结合"，推进电商创新创业人才培养。

黔江电子商务创业孵化基地培训项目

## 二、服务地方，校地聚力育人

学校坚持与区域经济互动的理念，构建校地合作的协同育人机制。学校与地方政府签订合作协议，实现政府搭台、学校唱戏、共育人才。建立了校地合作联席会议制度，定期召开专题会议，研究决策校地合作的重大事项。地方政府主管部门负责电子商务孵化基地项目科研报告的审查批复、项目建设方案审定，组织社会青年参与电子商务创新创业培训，并纳入国家电子商务进农村综合示范项目。负责项目建设过程监督、绩效考核，根据项目建设进度和电子商务人才培养进程，按每培训一期50万元给予资金补助，帮助学员和孵化企业落实工商注册、税收、快递等电商优惠政策。合作共建经贸国维电子商务企业孵化基地、电子商务产品展示中心、电子商务创业培训中心、电商物流仓储中心、政务及生活服务中心。联合培训地方电子商务创新创业人才，做到了"4促进"，即促进了创新型技能型人才的培养、产业结构调整升级、电子商务转型发展、青年和大学生创新创业。

## 三、产教融合，校企聚力育人

为了有效推进电商创新创业人才培养，多渠道多途径促进产教融合、校企合作，遴选引进了全国知名电商企业浙江义乌市望旺电子商务公司，校企聚力育人，做到"5 共同"，即共同制订专业人才培养方案、共同组建师资队伍、共同建设实训基地、共同实施教育教学、共同培育电商创业就业能力。合作企业配备 5 名以上技术骨干进驻学校，开展电子商务技术培训和创业指导。企业为学生提供 10 种以上实践产品，策划"双 11""双 12"等营销活动，确保每期学员结业时月净利润 3 000 元以上。同时，负责培训学员网店运营，建立电商产品供应链体系，把当地农副产品纳入培训班产品销售，并负责市内外电商产品的选品和调运，满足学员和孵化企业的电商销售需要，每期培育电子商务平台注册企业 50 个以上。

目前，按照"校政企"合作协议，首期培训班于 2020 年 9 月开班并结业，第二期、第三期培训正紧锣密鼓进行中。首期培训班有学员 40 人，其中在校大学生 30 人，地方政府推荐的社会青年 10 人。首期培训班已结业，两个月销售出单 23 051 单，累计销售额 495 300 元，净利润 198 620 元，人均利润 6 620 元。注册运营网店店铺 57 家，孵化电子商务企业 30 家，带动就业 200 余人，涌现出以徐长乐、刘洋、李欣等一批同学为代表的优秀学员。非电商专业的大二学生徐长乐成功逆袭，目前已经自主创业并入驻孵化基地，带动就业 4 人，月营业额 20 万元以上；社会青年李欣屡次创业失败，加入培训班后鼓足勇气再次创业，"双 11"当天销售近 3 000 单，当天利润近万元；社会青年刘洋现已自主创业，滞销的农产品已经售罄，现正在筹备网销活动，让当地脆红李变成"致富果"。学校"校政企"聚力培养电商创新创业人才的做法，受到了相关领导的充分肯定和广大学员的好评，产生了广泛的社会影响，被《中国教育报》、腾讯网、搜狐网等媒体宣传报道。

学校将进一步加强以协同创新驱动产教融合，坚持创新引领创业、创业带动就业，持续推进"校政企"合作，聚力培养更多的电子商务创新创业技术技能人才，为地方经济社会发展做出新的更大的贡献。

**培训班成员创业场景**

（执笔人：杨诚、张洪梅、钱潇）

# 12. 与企业无缝对接的双体实训助力
# 毕业生高质量就业

重庆移通学院

重庆移通学院根据党中央、国务院"保就业""稳就业"的决策部署,秉承"乐教、乐学、创造、创业"的校训,立足信息产业,大力推进就业创业指导与服务工作,充分发挥学校特色办学的突出优势,结合双体实训全新教育模式,与企业需求无缝对接,助力 2020 届毕业生实现高质量就业。

## 一、双体实训概况

双体实训人才培养模式是学校为建设一流应用型本科高校,提高人才培养质量,主动适应新时代、新形势对信息产业人才的需求,提高毕业生高质量就业而打造的实践教学改革项目,是学校就业工作的标杆品牌。双体实训即"软件技术

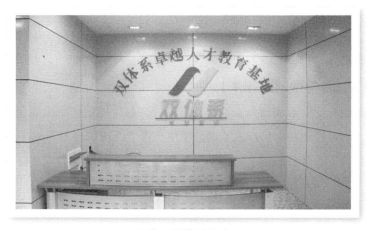

双体实训基地前台

实战 + 职场关键能力"两套系统并行的全新教育模式，通过该模式的培养真正实现学生培养与企业需求的无缝对接。其培养模式和课程体系具有独立知识产权，并享有国家注册商标。

双体实训以"精技术、有经验、明职场"为学生培养目标。精技术即系统掌握企业需要的软件开发技术，重点培养学生软件开发实践能力，满足企业岗位技术要求；有经验即具有实际项目开发经验，通过企业真实项目实战演练，让学生体验真实、完整的项目开发过程，积累学生项目开发经验；明职场即明晰职场素养与职场规则，通过全企业化管理，模拟真实的工作场景，把职场规则、沟通协调、团队合作等多方面的职场关键能力教授给学生，帮助学生养成良好的职业素养及综合能力。

双体实训 2020 届毕业生就业工作在受疫情影响的情况下，依然保持了 100% 就业和 83.6% 的高质量就业。同时以点带面，积极和学校各二级学院共享合作企业资源，组织合作企业参与校级双选会、宣讲会等，多渠道为全校学生提供了数十家高质量 IT 企业的岗位千余个，带动全校就业 200 余人，推动全校就业工作迈上新台阶。

## 二、就业工作创新举措

### （一）全企业背景的高水平师资团队

双体实训师资力量全部来源于企业，团队成员具有四年以上丰富的大型企业软件研发、人力资源管理等工作经验，就职企业包括中国惠普、中科软科技、金蝶、奥维通信、希尔顿国际酒店管理公司、广州地铁集团等。

### （二）全国首创的全企业化管理模式

双体实训教学管理实行全企业化管理模式，教学场所完全按照企业实际工作环境打造，满足企业化办公模式要求，学生上课实行指纹打卡、6S 管理、结果导向、时效反馈等企业管理制度，提前让学生感受企业氛围，养成良好的企业工作习惯。

**双体实训教学场地**

（三）低师生比、精细化、小班制教学

双体实训是以 36 人为一个项目部的精细化、小班制教学，每个项目部分别配备全职的、来自知名企业的职场关键能力培训师和软件技术培训师各 1 名，6 人为一个项目小组的项目实战教学体系，为学生提供更加精细的培养，既保证教学的理论性与实战性，又强化训练学生的团队协作能力。

（四）配备全企业化实战项目进行演练

在学员培养过程中，通过配套大量源于行业实际需求的真实项目进行实战演练，让学员从需求分析—项目开发—项目测试，体验真实、完整的实战项目开发过程，积累学生项目开发经验，实现学校人才培养和企业需求无缝对接。

（五）校友导师全过程贴心个性化辅导

在全校最低师生比的基础上，按学员人数 1∶10 的比例邀请就业于腾讯、阿里、京东、小米等知名企业的校友导师担任学员的成长导师，对学员进行一对一的就业指导，为学员提供全方位、个性化的专业辅导。

（六）校企深入联动充分保障学生就业

双体实训在师资共享、课程共建、学员定制培养、人才输送等方面联动频繁，先后与中国航天科工集团、58 同城、金山软件、用友软件、金蝶软件、春秋航空等 90 余家企业建立了校企合作关系，为学生就业提供保障。

**双体学员项目实战**

## 三、就业成效

双体实训 2020 届毕业生共有 216 名，先后获得各类国家级、省市级奖项 20 余项。毕业生在阿里、腾讯、小米、京东、字节跳动、惠普等国内外知名 IT 企业中从事软件相关工作的学生占比近 80%，世界 500 强就业率达到 13.94%。初次就业月薪在 5 000 ～ 8 000 元的学生占比 68.62%，初次就业月薪 8 000 元以上的学生占比 14.36%，往届学生就业两年后得到升迁的比率达到 28.7%，曾创造毕业仅百日，9 位学员在企业升为项目经理的纪录，就业质量让学生、家长、学校、企业四类客户都满意。

同时利用自身企业资源，积极推动全校就业工作的开展，通过各类途径为全校学生提供岗位上千个，并先后牵头和中国航天科工集团、58 同城、春秋航空、国网信息通信等高质量企业开展定向培养班，面向全校学生进行选拔，促成了上百名学生定向就业，有力地推动了重庆移通学院的就业工作。

（执笔人：周伟、陈仲华、陈星颖）

# 13. 充分利用"云"技术助力战疫，
# 确保毕业生就业局势总体稳定

重庆理工大学

新冠肺炎疫情暴发以来，面对复杂严峻的就业形势，重庆理工大学深入学习贯彻习近平总书记关于做好高校毕业生就业工作重要指示批示精神，按照党中央、国务院和市委、市政府关于稳定和促进就业的决策部署要求，把稳就业作为重要政治任务，充分利用就业"云"技术助力战疫，在强指导、优服务、广招聘、精帮扶等方面狠下功夫，创新构建了就业工作"云"体系。全年累计召开各级就业工作网络视频会达1 000余次，确保就业指导不断线、就业服务不打烊、就业招聘不停歇，实现毕业生足不出户充分就业，保持了就业局势稳定。2020年3月31日，教育部在国务院联防联控机制新闻发布会上，对学校开展网上就业指导，助力毕业生实现云就业工作给予了充分肯定。

重庆市全国人大代表专题调研组一行实地参观学校学生就业信息平台、就业双选大厅

## 一、实施"云部署"，统筹推进就业工作

一是线上部署就业工作。学校党委书记、校长通过春季学期开学工作视频会、就业工作专题推进会、就业工作"百日冲刺"会等形式，传达党中央、国务院稳就业重要精神，全面部署就业工作，发动全员参与就业、共同促进就业。二是制订线上就业工作方案。学校认真研判形势，及时调整思路，制订出台《重庆理工大学关于推进2020届毕业生就业工作的实施方案》和《重庆理工大学关于进一步加强疫情期间毕业生就业工作的通知》，细化工作举措，提升线上工作实效。三是主动对接社会资源，第一时间启动就业招聘平台建设，做好供需双方线上就业服务，加强招聘求职数据分析，实现网上就业常态化。四是建立和完善线上"就业状况周报月报制"，就业分管校领导通过工作群、工作电子简报等渠道定期通报2020届毕业生就业状况。

## 二、实施"云指导"，坚定学生就业信心

一是优化就业指导课程。制订就业指导课线上教学方案和内容，整合校外优质课程资源，上线北森生涯"春风行动"系列免费课程；举办报考公务员、选调生等各类线上公益讲座。二是细化就业指导内容。开展求职简历制作、视频面试技巧等专题技能培训；开展考研学生网络复试技巧培训，为参加线上复试的毕业生模拟一对一面试场景。三是丰富就业指导形式。通过微信平台推出"风雨同舟

重庆理工大学2020届就业工作百日冲刺会

抗疫情，在线指导促就业"空中就业指导课堂；通过微信/QQ/钉钉/微视频等开展线上团体辅导、个别咨询、网络答疑等。四是充实就业指导队伍。邀请企事业单位 HR、校友等适时开展线上行业类求职讲座和培训。举办以线上求职指导为核心的《就业实务应用讲座》，开展毕业班班导师"同上一堂就业指导网络课"活动，有的放矢地提升教师辅导毕业生春招线上求职的能力和水平。五是制作《毕业生"云求职"指南》。充分发挥人力资源专业的优势，针对线上求职方法技巧、求职渠道、个人权益维护等提供针对性的参考和帮助。

## 三、实施"云服务"，做到暖心优质高效

一是服务学生用心用情。通过网站、微信平台第一时间发布《致 2020 届毕业生的一封信》《就业指南"战疫版"》《关于疫情期间毕业生就业协议签订实施流程》，优化畅通就业服务渠道；搭建信息宣传平台"云矩阵"，学校和学院利用官网、官微及微信/QQ 群在线发布招聘信息 3 700 余条、需求岗位 50 000 余个，深挖校友资源，收集和提供需求岗位 2 000 余个，为去年同期 1.3 倍；开通就业心理咨询热线和就业权益在线咨询服务；开展缓解就业压力的线上团体辅导、个

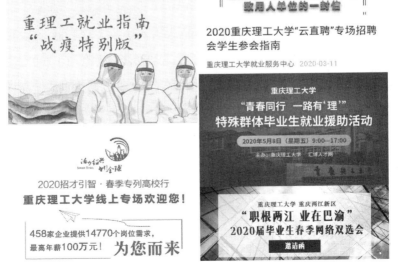

就业"云服务"展示

体辅导活动；简化手续办理流程，上线就业协议换发平台，以快递、传真、网络方式收集就业材料。二是服务单位尽心尽力。发布《致用人单位的一封信》，编制《用人单位"云招聘"指南》，明确单位线上招聘流程和方式，在线播放宣传片和招聘简章，专业教师、辅导员、毕业生与用人单位"线上对接"，第一时间开展简历或视频推荐，提升招聘实效。三是拓展线上就业渠道。开展西部志愿者招录线上见面宣讲会，引导毕业生到基层建功立业；举办线上考研经验交流分享会，助力学生升学深造；主动连线海外知名高校，开启云端留学指导服务，帮助有留学意愿的学生科学制订留学方案。四是技术和场地保障有力。学校斥资300多万元建有2 000多平方米集信息化和智能化为一体的就业招聘服务中心，设有"视频宣讲室""视频面试室"等，为单位和学生开展直播或录播宣讲、线上面试等提供有效保障。2020年9月，重庆市全国人大代表一行人到校开展稳就业专题调研，对就业信息化平台建设给予了充分肯定。

## 四、实施"云招聘"，实现双选无缝对接

一是搭建全方位线上招聘交流平台。通过校园空中双选会、单位招聘服务群、单位进驻班级群等，建立学校、企业、学生三者"同屏互动"的联动机制。组织和引导毕业生利用企业自身网络招聘平台，积极开展线上求职。通过各种线上招聘平台，重庆理工大学先后有8 700多人次毕业生与1 000余家单位实现"云连线"，3 000余人次参加单位视频面试，达成初步就业意向1 200余人。二是"线上 + 线下"校园招聘服务。采取线下严控人数、线上同步直播的方式，为40余家到校招聘单位和在校、非在校毕业生提供在线校园招聘，高峰期同时在线人数近千人。三是积极参加国家和市级网络双选活动。教育部"24365""春暖花开，国聘行动""就在山城，圆梦青春"等网络双选活动，参与学生达1.5万余人次，投递简历2万余份。四是积极搭建校地网络合作平台，相继召开成都市双流区、浙江省绍兴市、重庆市两江新区、重庆市巴南区等6场校地网络双选会。

## 五、实施"云帮扶"，确保特殊群体就业

一是开展特殊群体云调研。通过各类线上渠道，开展毕业生就业现状、就业

意愿、就业资源等"云端调研",摸清特殊群体基本信息和就业意愿,建立"一生一本"电子台账。二是实施网格化帮扶责任制。全面动员、重点部署,院系领导、系室主任、辅导员发挥各自力量通过视频沟通指导、发送推介短信微信、定点单位对接连线等形式落实网格化责任,实现"多对一"精准帮扶。三是开展"青春同行,一路有'理'"专项援助行动。建立特殊群体专属就业咨询QQ群,为特殊群体毕业生提供一对一咨询和指导;举办特殊群体专场空中双选会,参会单位40余家,提供需求岗位300余个;发放市级、校级求职补贴99万余元,直接受惠学生1 600余人。四是加强校地协同帮扶。通过电话、邮件等主动对接生源地人力资源和社会保障部门,对有回家就业意愿学生形成帮扶合力。截至2020年12月31日,重庆市农村建卡贫困户毕业生就业率达92.07%,全国52个未摘帽贫困县毕业生就业率达93.33%,湖北籍毕业生就业率达95.45%,达到预期目标。

重庆理工大学将以习近平新时代中国特色社会主义思想为指导,坚持将立德树人贯穿于就业工作全过程,立足新发展阶段就业工作新要求,以就业信息化为工作抓手,积极运用"互联网+",建平台、畅信息、强指导、优服务,搭建快捷、高效、便利的就业工作"云"体系,促进毕业生更加充分、高质量就业。

（执笔人：周娜、罗劲松、万小榆）

# 14. 构建"1+1+X"智慧就业服务体系，促进毕业生更高质量和更充分就业

重庆电子工程职业学院

重庆电子工程职业学院是"中国特色高水平高职学校建设单位""国家示范性高等职业院校""国家优质专科高等职业院校"，是教育部"首批教学工作诊断与改进工作试点单位""首批现代学徒制试点单位"，是人力资源和社会保障部、财政部"国家级高技能人才培训基地"。

**重庆电子工程职业学院就业管理平台**

学校积极创新工作模式，打造"1+1+X"智慧就业服务体系，进一步促进了毕业生"好就业、就好业"、用人单位"好选才、选好才"的良好就业工作局面形成。学校2020届毕业生总人数7 323人，初次毕业去向落实率达98.02%，年终毕业去向落实率达98.44%，其中家庭困难学生毕业去向落实率达98.80%，残疾生及湖北籍毕业生100%就业，就业率位居重庆市高校前茅。

"1＋1＋X"智慧就业服务体系具体如下。

## 一、"1"是用好市就业指导中心就业信息平台

学校以重庆市大中专就业指导服务中心大学生信息平台为数据上报核心，加强操作使用培训，确保就业数据及时更新。

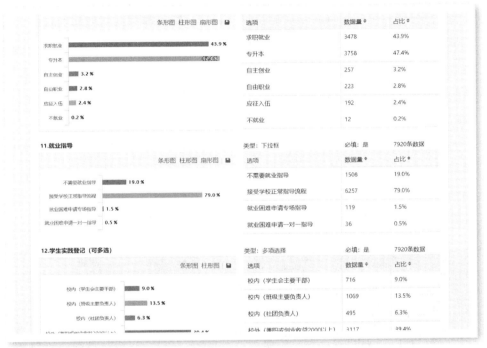

重庆市就业信息平台

## 二、"1"是自主开发学校信息化就业服务平台

学校根据实际工作过程进行量身定制，迭代开发相关功能模块，提高了使用效率。平台实现了日常就业工作管理、用人单位管理、学生在线求职等基础就业功能，同时综合应用大数据技术，健全了企业精准招聘、学生智能求职推荐、困难学生精准帮扶、不良招聘预警及学生就业警示等个性化服务。平台获软件著作权，并在重庆、四川等地的多所高校广泛应用。

一是全校所有就业管理工作人员协同办公，全员参与、全程指导。日常管理、就业指导与服务等实现自动记录活动轨迹。建立困难学生实名制台账，建

成帮扶动态信息库，"一对一""个性化""不间断"帮扶到位。减轻工作人员负担，提高了工作效率和就业服务质量。二是实现用人单位招聘精细化管理。从招聘信息发布、面试安排通知、录用结果反馈到电子签约等流程均通过该平台实现信息化管理，方便用人单位自动跟踪招聘进展信息，提高其对学校就业服务的满意度。三是毕业生求职面试行为统计分析。通过对学生登录平台时间节点及频率进行统计分析，有针对性地组织安排就业活动。平台提供职业测评模块，让毕业生认清自身综合素质，精准画像，为精准信息推送、精准就业夯实基础。四是疫情期间开发空中双选招聘模块，省去学生注册等流程，实现企业、学校、学生三方信息共享，数据及时交互，充分实现"服务不断线"。在学校举办的大型双选会上，企业和学生通过扫码报到、线上报名等方式及时获取信息资源，同时各应用端可实时查询统计，实现对就业工作的数字化、移动化、精准化服务。仅针对2020届毕业生，信息平台中的活跃用人单位就有3 798家，单个用人单位最高关注度达3 346人次，学生帮扶记录2 764条，就业工作记事306条。

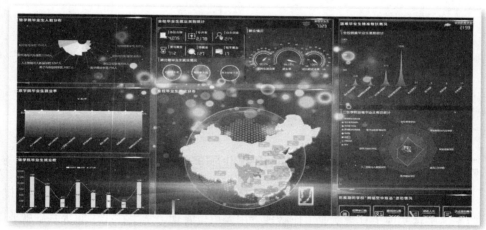

重庆电子工程职业学院就业服务平台

## 三、"X"是学校广泛开发使用了多个 App、微应用，更加灵活高效地服务于就业工作

一是毕业生就业跟踪调查统计系统。6月初全员跟踪调查，及时、准确了解

毕业生去向。9月初全面掌握毕业生就业意向，有针对性地做好就业指导服务。二是学生就业短信个性推送系统。通过发送点对点的个性化信息，将就业信息或录用结果及时快速传递给学生。三是毕业生个性特色电子纪念卡。学校制作个性化的电子纪念卡并推送给毕业生。四是就业信息搜集爬虫工作。通过互联网搜集就业需求信息，并进行遴选分类，把适合学生的招聘信息通过就业信息实名群组提供给毕业生。五是就业信息实名群组管理。针对学生喜欢使用主流互联网平台的习惯，开设就业沟通超级群组，作为信息平台补充，及时发布就业信息。六是就业大数据实时监测平台。及时掌握就业工作各项数据，便于综合预警、精准施策、精准推进。

通过多年探索和完善，1个市中心平台、1个学校就业服务平台，加上X个微应用，形成"1+1+X"的智慧就业服务体系，有效助推了毕业生更高质量和更充分就业。学校获教育部"2015年全国毕业生就业典型经验高校""2017年全国创新创业典型经验高校"，连续四年蝉联全国高职院校"服务贡献50强"。多次被评为市级就业工作先进集体，4人成为成渝双城就业双百专家。2020年，重庆市人大常委会主任张轩、副市长郑向东率重庆市全国人大代表团到校专题调研大学生就业工作，对就业信息化管理及就业大数据实时监测平台予以充分肯定。

（执笔人：王文、李晓斌、黄连兵）

# 15. 搭建"三业"平台，
# 提升学生就业创业能力

四川外国语大学

为顺利应对疫情对就业创业的严峻挑战，四川外国语大学紧紧围绕学校建设"高水平应用研究型大学"的办学定位，秉承"就业无小事"的工作理念和"以生为本"的工作原则，积极搭建"行业 + 企业 + 职业"平台，提升学生就业创业能力，以保证学生更高质量就业和更充分就业。学校 2020 届毕业生毕业去向落实率 82.35%，创业率 4.9%，就业大局基本稳定。

## 一、整合行业资源，搭建师资平台，培养学生行业认知力

一是精准调研毕业生就业意向。学校对大三和研二年级学生进行就业创业意向调研，精准了解学生意向需求和实际困难，并在学校就业工作会上将调研结果进行全校通报，要求各学院根据调研结果提前谋划，建立动态台账，为毕业生提供精准就业创业指导和分类定制指导服务。二是坚持"请进来"。学校针对不同求职创业意向的学生群体，整合学生意向性求职行业资源，如教育、外贸、互联网、电商、新零售、新媒体等，邀请具备培训和认证资格的企业进校开展 ICT、教育、电商等行业认知及职业能力培训。三是坚持"走出去"。学校紧密结合当前经济社会发展形势，把握产业发展、创业新兴趋势的特点，主动寻求专业与行业的契合点，带领四川外国语大学就业创业导师团走进企业，了解就业创业最新行情。2017 年以来，先后走访了北京、上海、广州、深圳、江苏、浙江、安徽等地 50 余家用人单位和创业企业。

四川外国语大学就业团队进企业

## 二、引入企业资源，搭建实训平台，提升学生问题解决能力

一是建立双导师团。学校将专业教育与就业创业教育全面融合，大力引入企业导师，为学生开展创业导师问诊、优创优帮、就业创业沙龙、简历工作坊、面试工作坊等活动，指导学生积极面对在就业创业过程中遇到的各类问题。2020 年在企业导师帮助下，学校 2 个创业企业成功度过初创期，并带动 6 名学生就业。二是强化校企合作。学校努力克服疫情对外贸行业的冲击，既加强与现有单位和产业园区的合作，又努力开发新的市场及创业孵化中心。2020 年学校与青岛海

四川外国语大学创新创业海外研修团

信国际营销股份有限公司等 4 家单位达成深度校企合作，成功推动数十名毕业生到企业就业，成功孵化 1 家企业入驻两江新区创业孵化园。三是开展校校合作。为提升师生创新创业国际化视野，增强双创意识和创业能力，学校连续两年选拔 15 名师生赴新加坡南洋理工大学开展创新创业海外研修，参与研修的学子实现 100% 就业创业。

## 三、对接职业资源，搭建就创平台，增强学生核心竞争力

一是开展用人单位满意度调查。学校每年派专人对用人单位进行跟踪回访，了解学生的岗位适应性，并将用人单位的意见和建议以《就业白皮书》形式及时反馈到人才培养各环节。连续 5 年，用人单位对学生满意度保持在 95% 以上，对就业工作满意度保持在 90% 以上。二是开展职业能力提升培训。紧紧贴合市场需求，学校每年开展各级各类就业创业培训，如师能训练营、职商训练营、电商菁英训练营、多语言人力资源合伙人孵化营、外事外交人才训练营、国际组织人才夏令营等，通过理论传授、实战演练、训赛结合的方式提升了学生的职业适应性，增强了学生就业核心竞争力和创业抗风险能力。2020 年，学校共举办 6 期训练营，一共 34 场，学生就业创业能力得到极大提升。三是发挥校友帮扶作用。学校每年联合校地发展中心、校友会及学院力量，整合资源，在教学实践周组

职业能力提升培训现场

织毕业生考研、留学、就业、创业、基层就业和社会实践分享会 10 余场，覆盖率 100%。四是加强宣传示范效应。将职业创业指导中出现的共性问题进行科学研究，2018—2020 年，学校编辑出版了《跨境电商与多语言服务创新型人才培养——四川外国语大学学生创业案例集》《大学生职业生涯规划与就业指导》《文化创意创新型人才培养——四川外国语大学学生创业案例集》《大学生职业生涯规划与就业指导手册——职业咨询经典案例》。

四川外国语大学紧扣立德树人的根本任务，在学生就业创业指导与服务上探索"行业 ＋ 企业 ＋ 职业"的实践模式，紧贴市场需求，提升了学生的就业创业能力。2020 年，毕业生对学校就业工作满意度达 94.16%。就业是最大的民生，也是学生学有所成后的价值体现。学校将继续秉持为党育人，为国育才，立德树人的根本任务，为毕业生提供不断线的就业创业指导服务，努力实现毕业生更加充分和更高质量的就业。

（执笔人：张雪松、易琼、杨思）

# 16. 立足电力行业，服务基层建设，打造"四大平台"，确保就业服务"不断线"

重庆电力高等专科学校

2020 年，重庆电力高等专科学校坚决贯彻党中央关于统筹推进疫情防控和经济社会发展工作的重大决策部署，认真落实教育部相关要求，立足电力行业，整合多方资源，重点打造"四大平台"，努力保就业、稳就业，积极为毕业生提供"不断线"就业服务。2020 届毕业生就业去向落实率为 97.93%，67% 进入国有大中型企业工作，确保了就业大局稳定，就业质量继续提升。

## 一、立足行业，打造人才市场推介平台，确保就业渠道"不断线"

一是强化行业需求导向促就业。学校结合电力行业所需，从学生、企业、专业等方面开设了多期"职场导航"就业专题讲座，将历届优秀校友和企业专家请进校园，强化"电力点亮人生"的职业生涯规划，引导学生主动服务电力行业。2020 届毕业生中 76.28% 的在电力及相关企业就业，充分彰显了学校的就业特色。

二是推动校、院、专业领导"进市场"抓就业。学校制订了《就业工作分片区管理办法》，着力建设校、院、专业三级就业市场体系，加强对外联系和对内整合，不断丰富学生就业资源。2020 年，学校全体校级领导兵分五路带领相关部门和院系干部深入 100 多家大中型电力企业了解人才需求，听取培养建议，着力推荐优秀毕业生。

三是发动教职工、校友搜集就业信息稳就业。学校修订《就业信息联络点管理办法》，鼓励教师、校友拓展就业市场。深化与地方重点企业的合作，先后与重庆水务集团、轻轨集团、机场集团等公司交流供需对接、就业基地建设等合作事宜。

企业专家进校园活动

四是依托电力职教集团助发展。学校和国网重庆市电力公司联合近50家电力行业领军企业、相关高校、科研院所等机构，成立了重庆电力职业教育集团，大力推进电力类人才培养，形成校企双方合作共赢的良好局面。

## 二、服务基层，打造就业能力提升平台，确保人才培养"不断线"

一是加强就业指导，明晰职业方向。整合线上与线下、课内与课外生涯教育资源，把就业指导工作前移并贯穿大学三年教育的始终，从"课程设计＋个辅＋团辅＋讲座"多维度提升毕业生的职业能力。

二是树立职业榜样，培养工匠精神。2020年，学校通过微信公众号、官网、华龙网等，推送学长故事"电专追梦人"10期，以榜样的故事影响人，培养学生

就业指导现场

具备职业教育所必需的"工匠精神"。

三是突出行业优势，引导扎根基层。通过挖掘企业文化，介绍基层就业的环境优势及前景优势，坚定了学生参与西部建设、扎根电力一线的意愿。从 2019 年开始，国网重庆市电力公司与学校连续举办了面向渝东南、渝东北偏远地区的定向招聘会，积极引导毕业生参与地方电力事业建设。

## 三、创新机制，打造就业管理服务平台，确保精准帮扶"不断线"

一是成立专门机构，分层提供服务。形成"校就业信息服务部—学院就业服务部—班级就业信息员"三级就业服务机构，设置咨询服务点、接待服务点等，为毕业生和用人单位提供完善服务。

二是创建帮扶台账，实施精准帮扶。采取"建立帮扶台账、逐级分解任务、保证就业岗位、实施经济援助"的办法，对 2020 届困难毕业生实施"多对一"的精准帮扶，确保 2020 届建档立卡贫困学生就业率达 100%。

三是创新就业模式，惠及贫困考生。学校联合国网重庆市电力公司，依托高职扩招，采用"定向 + 订单"结合"培养 + 就业"的方式，2020 年面向重庆 14 个脱贫区县招收建档立卡贫困户社会考生，开展定向招生、定向培养、定向安置的就业扶贫工作。

四是构建跟踪体系，适时调整举措。开展从新生入学到大三就业的全程化的调研体系，结合第三方机构麦可思就业质量评价报告，及时反馈到人才培养环节，保障人才培养工作和社会发展的适应度。

## 四、注重实效，打造校际信息化就业平台，确保信息共享"不断线"

一是线上线下双管齐下保就业。建立信息发布平台，及时发布用人信息，通过官微、官网、微信群共发布 362 家电力类企业招聘信息，开展校园招聘会 150 余场，岗位供需比达 1∶10.47。

二是开展同类院校"一帮一"行动。为积极应对疫情给就业带来的挑战，学校与武汉电力职业技术学院开展了"一帮一"行动，落实教育部"六共"帮扶机制，充分整合两校就业资源，共享网络招聘平台，最终实现了两校就业率共创佳绩。

就业是一所学校永恒的课题。实施积极的就业政策，创造更多就业岗位，改善就业环境，提高就业质量，以电力点亮学生的人生之路，用电力推动学校和社会的发展之路，就业服务永不断线。

（执笔人：杨婷婷、蒋黎妮、丁楷伦）

# 17. "五聚焦五聚力"深化产教融合、产教协同育人，促高质量就业

重庆工业职业技术学院

针对疫情期间大量单位招聘规模下降、周期延迟的严峻形势，重庆工业职业技术学院坚持实施就业优先战略，以深化产教融合、协同育人为抓手，努力提高人才培养质量和毕业生就业质量，不断开拓和巩固就业市场，坚决落实"稳就业""保就业"目标任务，实现了就业岗位和就业率双增长，2020届毕业生初次就业率93.57%，年终就业率96.98%，为近三年最高，学校被评为"2020年重庆市高校毕业生就业创业工作成绩突出集体"。

## 一、聚焦长效机制，聚力产教协同育人

一是强化组织领导。严格落实"一把手"工程，成立校院两级毕业生就业工作领导小组，校长直接分管就业工作，确保学校各项就业工作政策落地落实。二是加强顶层设计。先后出台《"双高计划"建设管理办法》《校企合作管理办法》等改革配套文件，建立全员参与促就业工作机制，统筹推进产教融合任务落实、考核评价等工作。三是规范实施标准。总结校企合作经验，编制校企合作典型实施标准6项，内容包含现代学徒制、产业学院、企业大学、校企深度共建创业孵化器等，推广校地校企合作模式。

## 二、聚焦产业需求，聚力优化人才培养结构

一是学校专业与区域产业布局对接。立足区域经济，将学校现有专业整合为10个专业群，专业设置与重庆支柱产业、两江新区产业体系契合度达92.5%，人

才培养与区域经济和产业布局无缝对接。二是专业动态调整与产业发展趋势对接。制订《专业设置与淘汰办法》等措施，充分利用就业数据分析专业与市场、产业的适应性，及时对专业群、专业进行升级和重塑，大力发展智能制造等产业急需紧缺专业。三是人才培养规模与人力资源市场需求对接。学校与两江新区等12个园区建立人才供给定向合作关系，2020年组织6场园区专场招聘，85%以上学生留渝就业，66%以上学生在两江新区等园区就业，60%以上学生进入制造业、信息技术等重庆支柱产业就业。

重庆工业职业技术学院启动"2020年两江名企校园行"招聘活动

## 三、聚焦产业资源，聚力拓展产教融合平台

一是持续加大连线行政企合作力度。学校积极发挥机械行业智能装备制造职教集团等理事长单位优势，着力打造政校企多元协同发展平台，2020年合作企业增加到1 000余家，成为中国工程物理研究院、成都飞机工业集团、华为、长安等单位在重庆地区高技能人才录用重要基地。二是积极搭建优质就业资源平台。依托产教融合建立优质用人单位数据库2 059家，其中世界500强、国有、三资企业等1 149家，较2019年增加327家；组织1 480家企业开展线上线下校园招聘，提供岗位46 391个，单位数和岗位数分别增加616家和22 869个，岗位数与毕业生人数比达10∶1。三是联合打造跨界创新平台。学校依托"名师工作室""技能大师工作室"，联合德国博世等70余家国内外知名企业跨界打造应用

技术研究与转化平台、专业能力创新平台、创新创业孵化平台，全方位培养学生创新实践能力。

重庆工业职业技术学院举行重大合作项目集中签约仪式

## 四、聚焦产业发展，聚力重塑人才培养模式

一是在产教融合驱动下重塑人才培养模式。结合各学院专业特点探索实践了"学做一体、产学合作""现代学徒制"等多种人才培养模式改革。二是校企协同建设产业人才蓄水池。以重庆市高等职业教育双基地建设为载体，和华为、长安、阿里巴巴等企业通过共建混合制产业学院、优秀"工匠班"等方式，校企共同实施人才培养计划，建设产业人才蓄水池。2020 年新增西南模具先进技术推广中心等 6 个特色产业学院及培训中心，无缝对接社会所需、企业所求，近 2 年带

与阿里巴巴共建"阿里巴巴新零售人才孵化基地"

动 3 000 余名毕业生高质量就业。三是全面推行"1＋X"证书试点工作。"1＋X"试点工作是深化产教融合、校企合作的一项重要制度设计创新，学校启动智能网联汽车测试装调证书等 21 项证书，涵盖专业 26 个，2020 年 600 多名毕业生通过试点拿到职业技能等级合格证书，助推学生顺利就业。

## 五、聚焦复工复产，聚力促进稳岗拓岗

一是有序启动顶岗实习。指定专人对接，做好复工动员，率先帮助长安、海尔、京东方等 50 多家重点企业实习学生及时复工，解决企业的用工难题，收到京东方等多家企业感谢信。二是主动开展技术服务。及时组建服务团队，摸排企业急需的技术服务，为企业新技术改造和转型提升提供技术支撑，解决复工企业的燃眉之急。三是主动开展供需对接。及时响应企业复工复产需求，为长安等 245 家企业组织春季网络招聘，争取岗位 12 002 个，岗位不降反升，且 300 多名学生录用到长安、京东方、华为、宁德时代等企业优质岗位。

（执笔人：唐腾健、郑晓）

# 18. 建立"两保障",构建"三体系",
# 深化"四模式",大型国企背景下深度产教融合
# 推动实现毕业生高质量就业

重庆公共运输职业学院

为全面贯彻落实国家加快发展现代职业教育的战略部署,学校发挥国企办学优势,承担国企办学责任,深化产教融合、校企合作,强化工学结合、知行合一。2020 年,学校整体毕业去向落实率达 98.17%,较 2019 年未降反升,其中,超五成毕业生入职国有企业,毕业生和就业单位就业满意度均达 97% 以上。

## 一、发挥国企办学机制优势,落实就业稳定"两保障"

一是作为重庆市唯一一所由市属国有重点企业——重庆城市交通开发投资(集团)有限公司(以下简称"开投集团")全资举办的高职院校,开投集团统筹所属公交、轨道、铁路及相关企业落实"一把手"负责制,在提供就业岗位等方面予以全面支持,力促学校就业稳定。

二是专门成立疫情防控期间就业创业工作领导小组,印发《新冠肺炎疫情防控期间毕业生就业创业工作方案》(渝运输职院〔2020〕76 号),坚持"一把手工程",成立由领导班子组成的领导小组,负责就业工作的统筹、部署、协调、督促和指导,责成就业、学生、教务、科研、思政等职能部门和各二级学院,在学生心理动态跟踪、安全教育疫情防控、招聘信息精准推送、就业双选"云端"面试、就业绿色通道精准指导及特殊困难群体毕业生网格化帮扶等方面,实现全校就业工作协同开展,确保就业稳定。

## 二、打通供给侧和产业需求侧通道，构建渠道就业"三体系"

一是构建"集团内产业企业人才输送"就业体系。深入推进与开投集团所属重庆公交集团公司、重庆轨道集团公司、重庆铁路集团公司等集团内数十家企业合作，建成实践教学、实习就业等校外基地20余个；近三年，集团内企业为学校毕业生累计提供就业岗位3 067个，其中2020年提供岗位约823个。

二是构建"服务交通运输行业人才输送"就业体系。与优质交通运输行业企业达成校企框架协议59个，合建校内实训室36个、校外就业基地60余个。以"双基地"、就业实习基地建设项目为纽带，深化学生技术技能历练和职业素质培养，按照"企业用得好，学生留得下"就业双向满意目标，毕业生就业与培养质量获得较好成效。

中国铁路成都局集团有限公司招录工作重庆片区会

三是构建"校企合作就业扶贫"体系。按照"精准招生""精准资助""精准分类""精准就业"原则，构建完备的资助工作体系。2020年，471名贫困家庭毕业生入职交通运输行业企业、394名贫困家庭毕业生入职大型国有企业，困难群体毕业生毕业去向落实率始终保持在98%左右，实现"一人就业，全家脱贫"。学校作为市政府唯一一所实施铁路就业脱贫项目的高职院校，2019—2020年学校按照《路地双方铁路就业脱贫工作会议纪要》（专题会议纪要2018-98）总体要求，面向重庆市贫困区县开展招生，与中国铁路成都局集团有限公司（以下简称"成都局"）合作招录学生475人，为学生提前就业夯实基础。

## 三、打造产教融合命运共同体，深化校企育人"四模式"

一是实施"招生即招工"订单培养。与成都局、贵阳轨道集团运营公司联合实施"定向招生、联合培养、定向就业"。以贵阳轨道订单班为例，自 2017 年合作开展定向培养工作以来，学校组建订单班管委会专门负责订单班招录和培养工作，已成功开设订单班 4 期，共计 305 人。2020 年，有 82 名毕业生成功入职贵阳轨道集团，订单培养毕业去向落实率达 100%。

二是推行现代学徒制人才培养。把企业招工提前到新生入校阶段，与重庆交运集团、华为公司分别签订战略合作框架协议，合作共建智慧供应链学院、华为智慧交通学院。从大一招录面试，大二校企联合培养，大三就业考核录用，打通校企人才输送、毕业生就业的快速通道。

三是推进产教协同培养。全面推动校企育人"双重主体"，学生学徒"双重身份"。对大一大二学生实施定向培养，对企业初步招聘的大三学生，校企联合组建订单班实施人岗匹配订单培养。近年来，校企联合开办订单班近 40 期，培养 6 331 名毕业生入职公交、轨道、铁路行业优势企业。其中，重庆地区 4 661 人，占毕业生总数 41.9%，为交通行业企业培养和输送的技能人才规模居重庆市高校之首。

毕业生定向培养

　　四是助力行业企业招录改革。与成都局签订《校企合作培训协议》，共同实施"2＋1"定向培养。通过校企合作，共同制订培养方案和开展培养考核，增强学生岗位专业技能和工作适应能力，让学生毕业前提前考取职业资格认定证书，缩短学生毕业后入职培训时间，为企业节约人工成本。

（执笔人：刘畅、陈香、王曾）

# 19. 加强基层人武建设，当好征兵"四员"，推动毕业生参军就业

重庆第二师范学院

　　大学生应征入伍既是推进人才强国、科技强军战略的重大举措，也是促进高校毕业生及时就业、报效社会的有效渠道。重庆第二师范学院坚持以习近平新时代中国特色社会主义思想为指导，加强基层人武规范化建设，当好征兵"四员"，倡导毕业生参军，努力探索当前大学生就业新途径。

## 一、高度重视、统筹规划，当好征兵"组织员"

　　一是强化组织领导。成立以党委书记为组长，分管领导为副组长，武装部、招生就业处等相关职能部门为成员的征兵工作领导小组，始终把促进应届毕业生应征入伍当作一项政治任务来抓。二是加强制度保障。出台毕业生参军激励办法，对毕业生参军每人奖励 3 000 元，在校生每人奖励 1 000 元，在经济上凸显毕业参军的优势；会同教务处修订毕业生参军学业相关规定，对毕业参军学生提供更大程度的帮助。三是确保工作落实。制订年度征兵工作方案，建立行事历、任务分解表，对标对表按时间节点——落实，将征兵工作落实落细。从组织领导、制度保障、具体落实方面统筹规划、层层把关，总体形成了"大一大二动员遴选、大三重点培养、大四参军入伍"的征兵工作体系。

## 二、拓宽渠道、广泛动员，当好政策"宣传员"

　　一方面，通过征兵宣传进高校等活动，面向全体学生举办一场征兵报名启动仪式；利用警务平台、结合支部党日活动、深入学生宿舍等，为每名学生发放一

本征兵宣传册；在学校官网开设一个征兵宣传专栏，将相关政策、动态、先进事迹等挂网；依托党员服务站在每个宿舍设立一个征兵咨询点，委派专人管理；创建一个退伍军人协会，着军装参与大型活动，充分发挥"行走的宣传片"作用，广泛宣传动员。另一方面，通过发放问卷调查、深入二级学院等，进行一次意向摸排；以人武干部为主、退伍学生为辅，指导开展一次专题班会；针对大四应届生开展专项动员，参与一届毕业生双选会；设置基本条件，举办一期军事培训班，重点对有参军热情的同学进行进一步培养；组织意向代表到武警部队进行一次军事体验日，进行基础体验，不断深化参军热情。通过在不同阶段进行不同的"十个一"活动，广泛宣传动员，精心遴选培养，强化参军就业，校地共同努力，努力形成梯度培养和良性循环。

邀请覃政委做专题讲座

## 三、军校合作、开拓创新，当好国防"教导员"

一是加强军地共建。作为重庆市少数几所由正规部队施训的高校之一，所有军训项目实行军事化管理。学校已连续接受正规部队军训4年，覆盖全校四个年级、14 000余名在校学生，覆盖率为100%。二是充分利用人武部规范化建设成果。重庆第二师范学院作为重庆唯一高校试点单位打造人武部规范化建设，被评为达标建设标杆示范单位。利用建设成果，共接待师生9 000余人次开展国防教育，接待市外上级武装单位多次，全市各区县、高校人民武装部也陆续前来观摩

**领导来校视察人武部规范化建设**

交流。三是开展"线上 + 线下"混合教育模式。遴选 40 余名校内外教师，集体备课、小班授课，开展军事理论课教学；通过大学生思政课、形势政策等，构建国防教育体系；依托网络教学平台，丰富教育资源，拓展国防教育空间。四是开展"红岩雏鹰"军迷培训班。每年一主题，主要面向热爱军营的高年级学生招生。培训班自 2019 年开办，从报名学生中精心遴选 300 人开班，每年报名应征入伍学生中参加过培训班的人数达 60% 以上。五是组织参加军事类活动。2019年，学校组织 4 名学生参加全国第六届学生军事训练营，重庆代表队获 3 项全国第一，总分排名全国第三。参赛后，4 名学生均报名参军，其中 3 人被顺利定兵。

**重庆第二师范学院第六届军事训练营**

## 四、热情服务、真情关怀，做好保障"服务员"

一是在前期征兵宣传动员阶段，认真、细致进行相关宣传和问题解答，始终为应征大学生提供真心、贴心、用心的服务；二是组织新兵欢送会、学校领导寄语、职能部门答疑、退伍老兵分享、学生家长寄语等，层层传递真情，鼓励学生安心在部队发展；三是积极主动落实后勤保障服务，主动联系家长，及时办理费用补偿、学籍保留等相关手续；四是建立联系群，加强联系沟通，并关注学生在部队思想动态和发展规划，努力做到"风筝再高一线牵，儿行千里母担忧"，向学生传递母校的关怀。

经过不懈的努力，学校为部队输送的兵源逐年增加，毕业年级学生始终为"主力军"。2020 年，学校报名应征入伍共 223 人，毕业生占比 50% 以上；顺利应征入伍达 43 人，超额完成了目标任务，其中应届毕业生 26 人，占比超过 60%，为大学生就业开辟了新渠道，也为部队培养和输送了更稳定、更优质的青年。

（执笔人：冉艳凤、成平广、刘莹莹）

# 20. 扎实做好四个"加强"，确保征兵工作落地见效

重庆人文科技学院

重庆人文科技学院深入贯彻党的教育方针和习近平强军思想，坚持立德树人的根本任务，把大学生参军入伍作为加强国防现代化建设、有效解决就业问题、实现毕业生人生价值的有效实践，引导更多大学生携笔从戎、奉献国防。2020年，学校共计为部队输送兵源162人，其中义务兵145人，直招士官9人，女兵8人，超额完成征集指标任务。

看望役前训练新兵

## 一、加强组织领导，构建高效征兵工作体系

一是健全征兵工作领导机构。学校成立由校长任组长，分管学工、保卫、教学、招生等工作，校领导为副组长的征兵工作领导小组，统筹全校征兵工作，形成了学校统一领导、学工部牵头、相关部门配合、学院具体负责的征兵工作机

制。学校党委会、校务会每年至少 2 次研究部署征兵工作。二是建设征兵工作专职队伍。设立征兵工作专项经费，组建专职工作队伍，明确牵头部门工作职责，实行专人负责，每个学院配备 1 名征兵工作专员，每个班级设置 1 名学生征兵宣传员。三是建立征兵工作考核激励机制。将征兵工作纳入学校工作要点，制订年度征兵工作方案，征兵工作纳入各二级学院年度考核重点内容。

## 二、加强教育引导，激发学生参军报国热情

一是前置性开展征兵宣传教育。新生《录取通知书》中附寄应征入伍宣传材料，校长、党委书记每年给新生上第一堂思政课，军事专家为新生开设军事讲座不少于 5 场。二是系统性完善征兵教育体系。将国防军事教育纳入人才培养方案，成立军事理论教研室，开设 36 学时《军事理论》必修课，在《大学生职业生涯规划与就业指导》课程中设置征兵专题，打造集军训、军事理论课、红色主题教育、校园国防文化活动等于一体的爱国主义、国防教育、征兵宣传体系，每年受教育人数 10 万余人次。三是持续性开展宣传动员活动。学校国旗班、退伍军人协会坚持每日训练，定期开展军事拉练、军旅生涯分享及应征入伍宣传等活动。2020 年，国旗班开展《国旗法》宣传、校内外升旗仪式 30 多次，活动参与人数超过 5 万余人次。退伍军人协会开展征兵宣传、成长分享、军迷沙龙 40 多场，开展"老兵说军营"特色活动 23 场。"学生资助宣传大使"开展征兵政策宣讲活动 17 场。举办"征兵宣传月""国防教育活动月"活动，持续开展爱国主义电影展播、国防教育征文、"爱我国防"主题演讲等形式多样的征兵宣传活动，3 万余人次参与。

## 三、加强服务保障，用心解决学生后顾之忧

一是健全服务保障机制。学校优化大学生应征入伍"快车道"，为入伍大学生提供全过程、全方位、全覆盖保障服务，形成了"入伍前有服务、入伍中有跟踪、退役后有优待"的服务保障机制。二是加强过程指导服务。开通征兵服务热线，设立线下咨询室，解答入伍政策，"一对多"专人跟踪服务有服役意愿的学生，已建立 1 427 人的兵源储备库。做好应征前服务工作，专人全程参与学生体

**赴广东看望慰问学校新兵**

检、政考、送兵、学籍办理等工作，疫情以来服务应征青年共计 500 余人次。定期开展入伍表彰会、万人送兵仪式等欢送活动，提升入伍仪式感和入伍学生荣誉感。三是建立服务跟踪机制。建立服役学生"一人一档"成长档案，持续关注学生服役期间成长表现，校领导每年至少 1 次到部队探望慰问服役学生，了解毕业生在部队的适应情况，及时掌握毕业生在部队期间的表现。充分发挥辅导员作用，多形式开展入伍学生家访，近两年家访 50 余人次。在春节、建军节等重点时间向学生家长邮寄《致家长的一封信》，共同关心入伍学生发展。

**新兵欢送仪式合影**

## 四、加强政策激励，营造参军光荣浓厚氛围

一是完善入伍激励政策。持续完善"吸引入伍、激励在伍、服务退伍"政策保障体系，出台《征兵工作实施办法》。在学籍保留与转专业、课程修习与成绩认定、学费减免与相关资助、表彰鼓励与评优评奖、毕业申请与学位授予、考研升学与就业创业等方面加大政策倾斜力度。二是落实入伍物质奖励。设立"入伍奖"（直招士官参照执行），对应征入伍的应届毕业生按照 2 000 元 / 人的标准给予奖励。三是加强退役典型示范。印制退役士兵复学手册，专人负责退役复学事务。退役士兵在评先评优和推优入党等方面优先考虑和培养，2020 年 33 位毕业生被授予"应征入伍先进个人"。定期举行退伍学生欢迎仪式，为退役士兵寝室悬挂"光荣牌"200 余个，营造了当兵无上光荣的良好氛围。

（执笔人：李卓兴、蔡雨益）

# 21. 以思想育人为主线，建设技能型
# 军事人才培养基地

重庆机电职业技术大学

当前我军正处于机械化、信息化复合发展的关键阶段，高素质技能型军事人才紧缺，大学生应征入伍为科技强军提供了人才保障，更实现了毕业生的优质就业。六年来，重庆机电职业技术大学一直坚持以习近平新时代中国特色社会主义思想为指导，以为军队培养高素质技能型军事人才为己任，秉承着当兵就是就业、戍边就是报国的理念，积极落实国家征兵优惠政策，探索技能型军事人才培养有效措施，力促大学生应征入伍，实现优质就业。

典型经验——操场列队

## 一、领导重视、常抓不懈，以思想育人为主线

一是成立专项工作组。将大学生入伍工作列为学校政治工作，党委书记"一把手"负责，分管副校长亲抓落实，武装部、学工部、相关部门、各学院具体落实。二是常抓不懈。结合春秋两季时间特征，分阶段抓落实，并将毕业生入伍比例作为学院就业工作考核指标之一。三是紧紧围绕"思想育人"这条主线，大力开展学生思想政治教育，把坚定从军报国信念作为培养技能型军事人才政治合格的首要保证。面向全校学生严格开设军事理论必修课程，与思政课并重，强化学生的爱国主义和报效祖国的意识。

## 二、广泛宣传、动员到位，以军事管理为抓手

一是广宣传。在征兵报名前夕，学校通过张贴征兵宣传海报、发放宣传单、悬挂宣传横幅，在学校所有的宣传栏、官媒、班级群普发征兵宣传资料，为应征入伍营造良好的舆论氛围。邀请璧山区武装部派专人面向在校生，分批次讲解报名流程，发放征兵宣传册，确保符合条件的适龄学生人人知晓依法服兵役的政策。二是多动员。要求各学院辅导员以班为单位，选派学生党员、学生干部为小组长，协助辅导员分组分类动员到位，不仅将政策宣传到位，还要掌握学生家庭

典型经验——日常锻炼

实际情况，提高征兵工作的有效性和针对性。三是树典型。在"重机电就创业"微信公众号推送征兵工作推文，举办"携笔从戎，青春无悔"大学生风采录征文活动，参加活动的学生用自己的所学所感，书写他们对参军的愿望和志向；退役士兵用文字描述和记录军旅生活的美好，分享他们在军营建功立业的事迹，激励和感染在校优秀大学生积极投身军营。四是强管理。发挥在校生中退役复学学生的先进性，组织退役复学学生军训教官梯队，承担学校大一新生的军训任务，以他们优良的军政素养感染新生，形成"军地纽带"。充分发挥学校士官生培养基地的优势，把从军意愿强烈的大一、大二部分学生组建成"入伍预备役"，纳入士官生学院统一开展军事化管理。狠抓教学环节、严格军事管理、强化军事训练三个抓手，强化了学生的军人意识、纪律意识、吃苦意识、团结意识，为学生正式入伍打下了坚实的基础，同时满足了军队技能型人才的需求。

## 三、坚持标准、储备到位，以提升能力为目标

一是严标准。在疫情防控期间，学校常态化设置征兵体检站，本着为兵源和军队负责的宗旨，虽简化流程，但不降低标准。二是优服务。为方便学生，假期间，学校留专人值班负责学生政审；与璧山区武装部对接，做到优先报名应征、优先体检政审、优先审批定兵、优先安排使用。三是重储备。思想上，坚定学生从军信念，筑牢学生从军情怀。在 2020 年的抗击新冠肺炎疫情行动中，学校多名在校生积极投身抗疫一线行动，得到各单位的一致好评；学习上，狠抓专业技能，圆满完成学业，把学习专业知识摆在首要位置，加强学风建设，形成比学赶帮超的良好氛围，几年来，学校已有 5 名学生成功申报了国家实用新型专利。四是提能力。学校以提升学生的组织、管理、教育、技能、沟通能力为目标，探索建设技能型军事人才培养基地之路。2020 年征兵入伍工作中，学校顺利入伍 184人，超额完成了征兵入伍的指标。

## 四、技能过硬、素质优良，以优秀毕业生为榜样

在新中国成立 70 周年国庆大阅兵上，邓春兰等优秀士兵参与徒步方阵和不同战车方阵，以最好的精神面貌走过天安门接受习近平总书记以及党和人民的检

**典型经验——日常看报**

阅。2016 年 12 月，邓春兰作为重庆机电职业技术大学首批士官生光荣入伍，入伍后始终秉承携笔从戎铸军魂，立志挥戈献国防的人生格言，把自己的成长成才融入伟大中国的强军梦中，积极向党组织靠拢，不负组织重托，先后获得了"优秀共青团员""优秀士官生""优秀毕业生"等荣誉称号。2020 年她被遴选为重庆市优秀军营大学生战士，她的事迹被收录到 2020 年第三届全国《闪亮的日子——青春该有的模样》系列丛书中，作为从军战士的榜样，值得青年一代学习。到目前为止，学校已有 273 名优秀毕业生荣立"个人三等功"及以上，82 人考上部队军事院校，为广大有志从军的青年树立了榜样。

（执笔人：王娟、马文玮、冉锦）

# 22. "四航"齐驱，创新模块化推进
# 征兵工作显成效

重庆三峡医药高等专科学校

近年来，学校以习近平新时代中国特色社会主义思想为指导，坚持求实创新，狠抓工作落实，创新模块化工作思路，着力在国防教育、预备兵员培养和现退役学生帮扶三大模块上下功夫、出实招，扎实系统推进大学生征兵工作，实现了入伍兵员数三年提升300%，2020年应征入伍102人（其中女兵15人，士官8人），形成了富有特色和成效的医药类高职院校征兵工作新格局。

## 一、以制度导航，切实做好大学生征兵"一把手工程"

一是强化组织领导，学校党委坚持把武装工作作为"一把手工程"，形成以党委书记负总责、分管校领导具体负责、征兵工作站组织协调、其他部门协同配合的征兵工作格局；二是加强制度保障，出台了《重庆三峡医药高等专科学校进一步鼓励和支持大学生参军入伍的意见》等系列文件，从学业支持、就业支持、资金支持、发展支持方面进一步加强激励保障制度建设，让每一位大学生"入伍安心、服役暖心、退伍放心"，特别为重庆市内入伍大学生设立最高5 000元的入伍奖学金，充分调动省外学生在市内参军入伍的积极性；三是坚持考核激励，健全和完善征兵工作管理和考核制度，学校党委定期召开党委会，专题研究武装工作，并将征兵工作纳入二级学院目标考核，优先保障工作经费，充分调动工作积极性；四是健全组织机构，学校设置征兵工作站和大学生征兵办公室，安排专人负责统筹校内征兵工作。建立二级学院征兵工作联系人和班级宣传员机制，实现征兵工作全覆盖。

重庆三峡医药高等专科学校大学生入伍

## 二、以思想领航，将强军梦与大学生成长成才有机结合

一是深化国防教育，学校注重军事理论课程的实施与提升，通过成立军事理论教研室，以内培外训为抓手，不断提升教师授课水平，实现军事理论课程100%覆盖，学校军事理论课程获得市级多项表彰；二是加强军地联动，通过邀请当地武装部和学校国防教育协会退伍士兵，以巡回演讲、事迹报告和座谈会为亮点，为广大医学生树立典型示范，进一步激发医学生的报国热情；三是加强国防阵地内涵建设，进一步强化学生投身国防的理想信念，校内建成融国防教育、征兵宣传与武装工作成效展示为一体、面积约 1 000 平方米的服务大厅和国防文化长廊，构建了融平面宣传展示、数字化及网络化人机互动展示为一体的立体化国防教育宣传大阵地，全面展示学校征兵工作风采和入伍学生事迹。

## 三、以模范护航，创新推进预备兵员培养工作

针对学校男女生比例失衡、储备兵员不足、上站体检通过率低、身体素质不佳等痛点问题，学校以预备兵员培养为抓手，深入推进征兵前置工作。一是充分发挥"朋辈引导"示范作用，吸引大学生报名从军；以学校军事理论教研室、国防教育协会、"军律"退伍兵服务站、国旗班等骨干师生团体的力量，广泛开展事迹宣讲、国防教育论坛等军事活动，带动和激励广大青年学生报名参军。二是以常态化基础军事训练为基础，开展预备兵员的体能强化和素质提升工程，学校

为预备兵员提供前置免费征兵预检服务，并由退伍兵服务站牵头实施 3～12 个月的体能和素质提升训练，通过开展思想专题教育、体能训练等专题培训，制度化、系统化开展学生入伍前教育培训工作，保证上站兵员质量。

实施预备兵员培养模块工作以来，学校报名人数较 2018 年提升 300%，达到 211 人；上站体检一次性通过率提升 200%，达到 56.8%，常年保持在校预备训练兵员 80 人，为两季征兵工作打下了良好基础。

重庆三峡医药高等专科学校预备兵员

## 四、以服务助航，扎实开展现退役学生帮扶工作

在学生服役中和退役后，学校切实做到"两走一联"，即慰问服役学生、走访退役学生，并保持与参军学生家长定期联系，解决他们的实际问题；在学生退役复学后，学校将他们全员吸纳进学校国防教育协会和"军律"退伍兵服务站，一方面充分发挥退伍士兵的引领作用，树立和挖掘他们在爱军报国方面的典型与榜样事迹，另一方面注重对退役复学学生在学业和就业方面的精准支持。通过开展对退役复学学生一对一学业帮扶以及就业、创业和升学等方面的精准帮扶，使退役大学生成长成才，从而实现大学生兵员从入伍到退伍的全套帮扶体系。

近年来，学校涌现出全国"征兵入伍典型人物事迹人物"蒋利，2019 年国庆大阅兵参阅士兵刘娇娇和唐鸿模等一批爱军报国典型人物，学校 90% 的服役学生获得"优秀义务兵"表彰，8 人荣立三等功。

（执笔人：王国栋、宋攀、易铭）

# 23. 构建"五维协同"退役军人保障体系，全面提升征兵成效

重庆电子工程职业学院

重庆电子工程职业学院是"中国特色高水平高职学校建设单位""国家示范性高等职业院校""国家优质专科高等职业院校"，是全国"国防教育特色学校""毕业生就业典型经验高校""创新创业典型经验高校"。

学校以征兵促就业，为强军兴军作贡献。从政策、宣传、复学、就业、经费五个维度构建"五维协同"退役军人保障体系，切实增强当代大学生从军价值认同和文化认同，近年来实现了征兵"质"与"量"的大幅提升，取得了显著成效。

## 一、政策领航，提供征兵制度保障

学校以发展性考核为抓手，将征兵目标通过《党政工作要点》落实到部门及个人年度工作目标，层层夯实责任并严格落实。制订、修订了《征兵管理办法》《学分认定办法》等13项措施，使征兵工作有章可循，有据可依。每年对拟订的年度工作计划实施跟踪督查，动态采集征兵数据，针对问题精准施策。同时将征兵成效与相关部门及个人的绩效考核挂钩，推动征兵工作提"质"增"量"。

## 二、宣传导向，营造校园崇军氛围

学校成立退役军人"迷彩青年工作站"，开展国防教育和征兵宣传动员。一是党建引领，传承红色基因。工作站驻站成员242名，站长副站长均由中共党员担任，建立了党员梯队培养机制，2020年累计开展"党旗飘扬"主题活动18次。二是紧扣主题，开展国防教育。学校在"重庆大轰炸纪念日""11·27烈士殉难

日"等重要时间节点，开展"国防知识竞赛""退役军人先进事迹展"等活动达90余场次，通过网站、官微等载体累计推送新闻稿73篇，受众达8万余人次，持续营造校园军旅文化氛围。三是加强统筹，强化宣传动员。组织退役学生参加"征兵宣传周""新入伍学生部队慰问回访"等活动，激励广大学子报名参军。在重庆非军事院校中首创退役学生担任军训教官改革，139人次担任教官，累计承训9 800余名新生。退役学生教官优良的作风得到上级武装部领导的充分肯定。四是典型推动，塑造优秀形象。学校4名大学生战士参与了中印边境"洞朗对峙"事件，退役后走上学校新年晚会讲述亲身经历，让广大学子感受到"英雄就在身边"。退役学生组成的"电子对抗小分队"连续3年斩获重庆市高校电子对抗技能大赛冠军，并问鼎全国冠军。袁彬获2019年重庆市"爱我国防"大学生主题演讲比赛一等奖。五是搭建平台，接续军旅情怀。学校组织工作站成员开展团建活动，参观红色教育基地，再续军旅情怀，参与大型活动执勤110余场，4 400余人次参加。学校让退役学生的校园生活充满"兵味儿"。征兵宣传，春风化雨，浸润广大学子，校园内形成浓厚的崇军氛围。

迷彩青年工作站成员合影

## 三、复学跟进，解决参军后顾之忧

为解决复学成绩下落问题，学校除安排专任老师开展课程定向帮扶外，还通过退役军人心理疏导、专业调整、成绩认定、学分认定等7项举措切实解决参军后顾之忧，让学生"入伍安心、服役暖心、退役放心"。近5年，476名退役复学学生均顺利拿到毕业证，无一落下。

退役军人心理健康座谈会

## 四、就业帮扶，助力学子成长成才

学校积极开展退役军人专项就业帮扶、创业培训孵化和专升本政策倾斜。近5年，全部退役复学学生顺利就业，每年都有1位毕业生获得重庆市应征入伍先进个人。2020年参加专升本考试的37名退役学生全部被录取。

退役学生合影

## 五、经费加持，惠及全体退役军人

除国家层面的学费代偿外，学校还通过军训教官承训费、参军奖励、退役军人专项奖学金等形式合理、规范提供经费保障。近 5 年，学校为全部退役军人（现役）累计发放金额（实物）达 208.13 万元。

学校是唯一连续 5 年获得重庆市"征兵工作先进单位"殊荣的高校。2020 年 9 月，学校被教育部授予全国"国防教育特色学校"荣誉称号，学校扎实开展国防教育、狠抓征兵促就业的做法得到了充分肯定。

（执笔人：王文、田艾）

# 24. "4321"协同联动，助力特殊困难群体毕业生就业攻坚

重庆城市管理职业学院

2020年重庆城市管理职业学院在学校党委的坚强领导下，以更高质量更充分就业为目标，构建"四项机制"，坚持"三个到位"，拓展"两条路径"，打通"一体化成长链条"，积极探索出"4321"协同联动就业工作实施体系，全方位抓好就业工作，助力特殊困难群体毕业生就业攻坚，2020届全校毕业生毕业去向落实率达到98.62%。困难群体毕业生毕业去向落实率达到99.62%。

## 一、构建"四项机制"，夯实困难群体毕业生就业基础

一是构建全员参与协同联动促就业工作机制。学校为每名特殊困难群体毕业生配备就业帮扶教师，党政领导、就业干事、教研室主任、党支部书记及委员、专业课教师、辅导员等全员参与，一对一进行全程帮扶。二是构建就业信息动态监测机制。建立特殊困难群体毕业生帮扶台账，每周更新学生的就业信息，动态掌握学生的就业状况，精准了解学生的就业需求、就业意愿和就业心理，及时进行就业跟踪服务。三是构建特殊困难群体毕业生个性化帮扶机制。学校在大二学期期末提前进行就业意愿调查，了解学生在专升本、应征入伍、基层就业、创业就业等方面的实际需要，充分考虑他们的差异性需求，针对学生需求进行精准施策、精确指导。四是构建就业激励机制。学校专门下发了关于做好毕业生就业工作的系列文件，明确各级人员工作任务，压实工作责任，制订奖励激励举措，实施网格化动态跟踪服务，提高全体教师就业攻坚的政治站位，激发毕业生就业的积极性和主动性。为毕业生提供各类资助帮扶经费：针对湖北籍学生每人发放

1 000 元的专项补助；为家庭经济特殊困难群体学生，视其具体情况不同给予了500 ～ 3 000 元的专项补助；为全校已就业学生提供 200 元／人的求职专项补贴，大大提升了帮扶实效。

邓明国校长招聘现场了解求职情况

## 二、坚持"三个到位"，筑牢困难群体毕业生就业保障

一是组织领导到位。学校建立就业工作领导小组，校长、书记任组长，切实发挥就业"一把手"工程作用，先后 14 次召开党委会、校长办公会专题研判就业工作；二级学院建立毕业生就业工作组，院长、书记任组长，通过党政联席会、教研室主任会等专项研讨，逐人逐项解决困难群体毕业生就业问题。二是关怀帮扶到位。就业帮扶老师心系学生、多措并举，因人而异进行就业岗位推荐、

校领导到二级学院专题调研毕业生就业工作

求职面试指导、专升本考试辅导、心理咨询服务等，做到"每日一联系、每周一总结、每月一提升"，为困难学生提供360度暖心服务。三是宣传引导到位。学校分专业、分批次召开顶岗实习动员大会50余场，学校领导、二级单位负责人、专业课教师与困难学生面对面沟通交流，帮助他们了解就业政策、认清就业形势、分析专业优势、转变就业观念、规划就业方向；辅导员与困难学生一对一谈心谈话，为他们厘清就业问题，进行职业规划；教务处、学生处、武装部等相关职能部门全面深入开展专升本、应征入伍、基层就业宣传动员工作，鼓励困难学生积极响应国家号召，胸怀理想、志存高远，到祖国最需要的地方去建功立业。

党委主要领导专题研究部署推进就业工作

## 三、深挖"两条路径"，拓宽困难群体毕业生就业渠道

一是用好线下招聘主渠道，搭建学生和单位沟通的桥梁。学校精准摸底每个困难群体毕业生的就业情况后，根据学生特点和实际需求，有针对性地进行岗位推荐；疫情后，积极与优质企业对接，邀请企业来校面对面开展校园宣介会、招聘会，全年开展各专业群专场招聘会1 060余场，为困难学生推荐就业单位2 200余家。学校前置就业压力，积极与企业开展学徒制、订单式培养，通过订单化培养模式，尽早化解就业压力，部分优秀的困难学生在大三实习期间就已经确定了就业单位。做好政策性岗位的供给，在校内、校友单位开发出适合毕业生的

工作岗位，建立了毕业生就业流动工作站，做好就业特别困难人员托底工作。二是发挥线上招聘新优势，扩展招聘的空间与时间。发动全校教职工力量，利用"24365"校园招聘服务平台、微信群、朋友圈、QQ群等载体，广泛联络用人单位，获取优质招聘资源；各二级学院指派专人收集企业需求，发布就业信息，利用"互联网＋"缩短企业和学生的空间距离，为面试争取更多时间；及时对前来招聘的用人单位进行回访和追踪，与用人单位保持密切联络，建立专属的用人单位信息库，主动出击，深化与企业的合作，为学生争取更多的招聘机会。

## 四、打通"一体化成长链条"，提升困难群体毕业生就业服务质量

学校注重做好困难学生的职业生涯规划和就业指导，从入学到就业，打通"一体化成长链条"，将就业教育贯穿大学日常教育的全过程，着力构建全程指导、全力引导、全面服务的就业指导服务体系。一是做好新生入学教育，帮助学生迈好就业规划第一步。2020年，学校开展新生入学教育40余场，各专业教研室主任、专业带头人以及专业课教师、就业干事、辅导员分模块、分场次就专业前景、专业优势、人才培养、课程建设等为新生一一解答，帮助新生认知专业价值，深化专业素养，强化专业认同。同时，在新生入学教育中，树立问题导向意识，通过援引就业数据，分析就业形势，为新生上好就业指导"第一课"。二是上好职业生涯规划和就业指导课程，实施困难群体"菜单式"专属培训工程。在

学院勤工助学助理培训会

课程讲解中，紧扣专业特色，剖析专业前景，使学生明晰就业方向，树立就业目标。同时，针对困难学生在简历制作、面试技巧、求职礼仪等方面的问题，提供"菜单化"专属培训工程，有针对性开展专题讲座，精准供给就业指导服务。三是用好就业创业典型，发挥优秀校友、朋辈群体的示范带动作用。学校邀请全国社会工作领军人才、杰出校友李长洪为学生开展讲座，分享自身的成长历程，鼓励民政管理、社区服务与管理、社会工作等专业的学生深入基层，为民生服务；联合全国践行工匠精神先进个人、重庆青年大学生创新创业之星、学校优秀校友陈科霖为同学们开展创客训练营，交流创业心得。通过榜样带动，鼓励学生向优秀看齐，与优秀为伍，促进优质就业创业。

**教师深入寝室关怀特殊群体学生**

　　通过"4321"协同联动模式的开展，学校 2020 届建档立卡、城乡低保、孤儿等 523 名特殊困难群体毕业生，521 人实现就业，2 人拟参加公招考试，该模式有效助力了特殊困难群体毕业生就业攻坚。2020 届困难群体毕业生中，在机关、事业单位就业 15 人，自主创业 11 人，投身西部、基层就业 246 人，升学 132 人，困难群体青年学子用实际行动，致力于打赢脱贫攻坚战、投入基层社区治理、服务乡村振兴，在祖国最需要的地方贡献着自己的青春力量。

（执笔人：张淼、陶军屹、潘伟）

# 25. 发挥四大优势，促进师范毕业生充分就业

## 西南大学

西南大学坚决贯彻党中央、国务院"稳就业""保就业"的决策部署，将抗疫保就业作为紧迫的政治任务，各级领导亲自督战，校院部门协同聚力，多措并举，精准施策，保证了2020届毕业生就业大局稳定。其中，发挥师范教育特色优势，在保证公费师范毕业生高质量就业的同时，为学校整体就业工作赋能增效，形成就业工作特色之一。

## 一、发挥人才培养优势，保证公费师范生高质量就业

学校2020届公费师范毕业生2 201人，在6所部属师范大学中人数最多，占全校本科毕业生近1/4。学校把提高师范人才培养质量作为提升就业质量的关键，通过深化人才培养改革，保证公费师范毕业生高质量就业。一是创新综合大学框架下的教师教育发展模式，推进"三段五级"一体化培养体系改革和"四位一体"运行机制改革，提升师范人才培养质量。二是深化从教信念引领，推进"三全育人"。疫情之下织密线上云端就业指导服务网，建强空中双选和网络签约平台，保证指导服务精准务实见效。线上就业指导公费师范毕业生9 000余人次，提供岗位数量与毕业生数量的比例达到18.3∶1，离校前就业去向落实率为96.8%。三是保持与各省级教育行政部门紧密对接，落实就业政策，保证公费师范毕业生100%就业。2020届公费师范毕业生中有69.1%到西部地区中小学任教，助力西部地区基础教育发展和教育扶贫工作。

西南大学招聘现场

## 二、发挥文化影响优势，引导毕业生投身基础教育事业

学校承继师范教育的百年积淀，尊师重教文化深厚，教育大师精神宏大，教师教育资源丰富。学校通过校史教育、教育大师精神宣扬、培植师德师魂校园景观、举办师元文化节、开展教学技能竞赛、推进支教社会实践活动、开放教师教育资源、开放教师资格认证等举措，大力弘扬培养优秀教师和教育家理念，彰显师范教育办学特色，吸引更多优秀毕业生投身到基础教育事业。2020届毕业研究生中，有996人到中小学任教，占毕业研究生人数的25.6%；本科毕业生中有522名非师范毕业生到中小学任教，占非师范毕业生人数的7.1%，达到师范毕业生人数的23.7%。

西南大学基础教育单位招聘现场

## 三、发挥教育专家优势，提升就业指导专业化水平

一是汇聚教育专家科研力量，开展职业生涯教育、创新创业教育、就业指导等领域研究。学校先后自编 3 部就业创业教育指导方面的教材，取得就业工作领域科研成果 20 余项。二是利用教育专家研究成果开展就业工作队伍业务培训。近三年举办培训班 5 期，举办相关讲座 20 余场次，就业工作队伍实现业务培训多频次全覆盖。三是遴选部分教育专家参与学校就业指导专家库建设，既为专家库建设建言献策，又承担就业指导教育咨询。学校设立 30 人的就业创业指导专家库，开设《职业生涯发展与就业指导》必修课程，建有团体辅导室、个体咨询室，每年开展团体辅导 80 余场次，提供个体咨询 3 000 余人次。四是发挥教育专家智库作用，为学校就业指导服务体系建设提供解决方案。学校正在筹建由心理学部教授杨东牵头的职业生涯教育与实践中心。

专家指导就业现场

## 四、发挥品牌带动优势，搭建招才引智区域性平台

学校注重发挥品牌带动效应，扩展毕业生就业渠道。一是加强与各地教育行政部门和中小学对接，大力举办线上线下教育人才招聘活动，搭建西南区域教育人才供给市场。二是加强与各地人力资源和社会保险部门、人才工作办公室对

接，推动教育领域招才与其他领域引智协同发展。2020 年疫情缓解后，先后有河南省、西安市、成都市、南充市等 10 余个省级、地市级的重庆地区招才引智活动在西南大学举办。

学校将认真学习贯彻党的十九届五中全会精神，落实教育部工作要求，把毕业生就业作为立德树人重要环节，坚定就业育人理念，坚持问题导向，持续改革创新，全力推动毕业生更加充分更高质量就业。

（撰稿人：唐军、郭明生）

# 26. 整合学校、家庭、校友、企业资源，积极打造就业命运共同体

重庆邮电大学

2020 年，面对新冠肺炎疫情的影响，重庆邮电大学高度重视、积极应对，充分整合学校、家庭、校友、企业资源，积极打造就业命运共同体，探索建立家校友企四方联动的就业工作新模式，全力促进毕业生更加充分和更高质量就业。截至 2020 年年底，学校 2020 届本科毕业生就业去向落实率达 90.65%，同比上升 2.71%，实现了毕业生就业局势基本稳定并稳中有升。

## 一、家校联动，凝聚共识，增强学生就业动力

一是建立家校工作群，动态宣传政策信息。学校建立了"战疫情、促就业"家校就业工作群，积极分享形势分析、解读就业政策，稳定家长和学生的就业信心；定期在工作群更新招聘信息、学生就业进展等情况，让家长和学生全面精准地了解就业现状，随时调整跟进就业方案。二是搭建家校"云"平台，合力推进就业活动。通过微信、qq 课堂、腾讯会议等平台，召开"2020 届毕业生家校合力共促就业"线上家长会，邀请家长参与到学校春季空中双选会等重要的活动中来，督促学生积极投递简历，协助学校跟进求职进度，及时反馈学生就业状态。在家长的督促协助下，学生在重庆邮电大学 2020 届毕业生春季空中双选会投递简历 37 406 份。三是实行家校"一对一"，联动做好重点帮扶。对建档立卡贫困户、学业困难学生以及湖北籍学生等特殊困难群体建立"一对一"帮扶制度，围绕学生就业现状、就业方向、就业难点等进行"云"家访，提出有针对性的建议，争取家校达成共识；结合学生个性特长，精准推送就业岗位，并邀请家长重

点关注。2020 年，学校特殊困难群体就业去向落实率为 95.83%。

## 二、校友联动，互帮互助，坚定学生就业信心

一是建立校友资源库，充分开拓就业岗位。学校以各学院为单位建立了优秀校友资源库，并积极邀请优质的校友企业进校招聘；结合校友企业和毕业生特点，采取精准分析、重点内推的方式，提高毕业生求职成功率。二是建立校友指导团，现身说法指导就业。学校邀请了不同行业的精英校友开展"云"上培训，结合自身经历和经验分享就业心得体会，梳理求职技巧，揭秘求职"误区"。三是树校友优秀典型，借力榜样带动就业。通过"2020 届毕业生就业学长帮帮帮"等系列就业讲座，宣传校友典型事迹，树立优秀榜样人物，激发学生青春奋斗的热情，鼓舞就业信心和创业精神。

## 三、校企联动，协同育人，提高学生就业竞争力

一是校企协同育人，提升学生就业能力。与优质企业联合培养，组建实施了四川电信"天翼优培生"、重庆移动"动感菁英"、东方红卫星通信（重庆）航天班、华为"智能基座"等创新人才培养项目，让学生近距离接触企业生产管理，深入了解行业发展趋势、企业发展状况、用人要求等，尽早明确求职目标和努力方向。二是产教融合发展，促进人才精准推送。成立了"重邮讯飞人工智能

重庆邮电大学党委书记李林与华为公司高级副总裁张顺茂为"智能基座"基地揭牌

学院""重邮工业互联网学院""重邮—惠普软件学院"等100余个产教融合发展学院，围绕企业需求，联合定制培养计划，精心设计专业课程，全过程服务，为企业精准输送人才。三是产学研用结合，提供稳定充足岗位。与三大运营商、华为、中兴等行业重点企业，长安汽车、四联集团、机电控股等在渝大型企业，中科院、社科院、中国电子等重要科研院所，重庆两江新区、茶园等工业园区建立了紧密的产学研合作关系，成立校董会，举办校董企业专场空中双选会、重庆高新区专场招聘会等，提供近万个就业岗位，为学生提供了稳定充足的求职岗位。

重庆邮电大学与四川电信签署天翼优培生合作协议

重庆邮电大学专场招聘会

（执笔人：马玺、黄毅）

# 27. 重庆交通大学"三聚三实"赋能毕业生就业

重庆交通大学

重庆交通大学深入贯彻落实党中央、国务院关于做好高校毕业生就业创业工作的决策部署，把"甘当路石，奉献交通"作为人才培养及就业工作的核心理念，聚焦"参与大战略、服务大工程、培育大情怀"，持续推进毕业生更加充分和更高质量就业。

## 一、聚焦参与国家大战略，切实拓展就业工作新市场

学校紧扣"一带一路"倡议、粤港澳大湾区、长江经济带、成渝双城经济圈等国家战略中的人才需求，进行专业提升、产学联动、就业拓展，不断健全毕业生就业工作的新机制。近几年，根据国家战略需要，持续改造专业 16 个，毕业生更加契合社会需求，第三方机构调查显示毕业生工作胜任度连续多年超过 90%；深耕粤港澳大湾区中心城市、长江沿岸核心城市和成渝双城经济圈地级市就业市场，实现全覆盖常态化拓展，每年参与专项就业市场拓展超 100 人次，来校招聘单位年均增长 15%；牵头发起成立长江教育创新带、成渝地区双城经济圈高校联盟，借力高水平大学提升人才培养质量，多次荣获中国交通建设集团有限公司最佳合作学校，进入中国建筑集团有限公司招聘高校名录，毕业生进入中国建筑、中国交建、中国中铁、中国铁建等大型央企国企的比例常年稳定在 30% 以上。

## 二、聚焦服务超级大工程，切实培养学生就业硬技能

学校不断深化"新工科"教育教学改革，主动对接港珠澳大桥、深中通道、

川藏铁路等超级工程，培养"创新型""复合型""国际型"学生，不断增强毕业生就业核心竞争力。紧跟超级工程建设技术发展趋势，充分利用山区桥梁与隧道工程国家重点实验室、内河航道整治国家工程技术研究中心等国家级科研平台，提升学生科研素养、创新意识和动手能力，创设"茅以升班""中国科学院大学—重庆交通大学材料物理菁英班"等实验班提升学生专业核心技能。紧跟行业融合态势，通过"'艺术 + 工程'实验班""重庆航空学院"等培养复合型人才，艺术设计专业学生获得世界大学生桥梁设计大赛特等奖，到央企工程单位就业比例超过 20%。紧跟海外工程市场急需，与中国交建、中国建筑等骨干央企创设"3 + 1 国际工程管理人才"培养班，增开国际工程知识课程，每年近 10% 的毕业生在大三年级搭上就业直通车，赴海外工程项目就业。

就业 50 强奖牌

创业 50 强

2021 届中国铁建国际工程后备人才班奖学金颁奖典礼

中国铁建国际工程后备人才班

## 三、聚焦培育家国大情怀，切实构建就业指导全体系

学校以塑造正确就业价值观为主线，打造"全程化"的生涯教育体系。为每届大一新生印制发送大学四年《学生生涯发展手册》，引导学生树立"到基层、去一线"的就业观，实现低年级生涯教育和创业教育课程、高年级就业指导课程和职业教育活动的无缝衔接，近年来毕业生面向交通工程一线就业超过40%。整合"全员化"指导服务体系，提升就业干部工作能力，给每名毕业班辅导员配发《毕业生就业工作手册》，详细解读就业季各阶段工作重点；指定专家教授担任学业导师、邀请扎根基层的校友担任职业导师、聘请企业家担任创业导师，树立毕业生就业类型多维度的榜样示范。落实"全覆盖"精准帮扶工作，毕业季伊始进行全覆盖的毕业生求职意愿调查，形成报告作为就业指导工作开展重要参考，建立困难群体就业"一对一"帮扶台账并每月更新，实现了有就业意愿困难群体的100%就业。

重庆交通大学毕业生中涌现出奋战在"一带一路"沿线国家的海外工程项目校友群体，全国十大桥梁人物入选人数占比四分之一、专业支撑超级工程的中坚校友群体，技术骨干占比西藏交通行业70%以上、默默扎根边陲地区的基层校友群体，始终践行着"甘当路石，奉献交通"理念。学校获批全国首批"毕业生就业工作典型经验高校"和"创新创业工作典型经验高校"。

（执笔人：吴新中、王辉、魏巍）

# 28. 五强化、五夯实，
# 助推毕业生充分就业、高质量就业

重庆工程学院

重庆工程学院认真贯彻落实习近平总书记关于高校毕业生就业工作的重要指示精神，始终把做好毕业生就业工作作为重大政治责任，坚持"以学生为中心、以市场为导向、以服务为宗旨、以提高就业质量为目标"的工作理念，按照"1248"就业工作思路，着力五强化、五夯实，推进毕业生充分就业、高质量就业。

## 一、强化四个到位，夯实保障体系

一是机构到位。学校设立了职能处室招生就业处全面负责学校毕业生就业工作，在二级学院均设立了就业科，负责本学院的就业工作。二是人员到位。学校

2020 年第五次毕业生就业工作推进会

校级就业工作人员 9 名，各二级学院共有 7 名就业科长，师生比高于 1：500。三是场地到位。学校建有一站式服务平台、校内招聘活动、就业指导、毕业生双创孵化等场地，总面积约 1 200 平方米，达到生均 0.15 平方米的标准。四是经费到位。学校按照高于当年在校学生学费收入 1% 的标准预算就业工作经费并执行到位。学校"四到位"执行到位，充分发挥其基础保障作用，为毕业生就业工作提供有力支撑。

## 二、强化一把手工程，夯实过程督导

一是严格落实"一把手工程"。学校成立了由党政一把手担任组长的校、院两级就业工作领导小组。党委会、校长办公会针对 2020 届毕业生就业开展专题研判形势、推进工作共 12 次。二是建立"六层五级"责任机制。将校领导、就业指导中心、二级学院、就业科、毕业班辅导员、实习指导老师等多角色进行六层五级责任捆绑，逐层压实就业工作全链条责任。三是建立就业联动机制。建立健全就业与招生计划、人才培养质量考核联动机制，实现人才培养过程全闭环。四是坚持就业督查引导。学校坚持就业工作定期抽查、通报、整改、考核制度，严格落实就业"四不准"，确保毕业生就业真实性。

## 三、强化困难帮扶，夯实指导服务

一是开展困难学生结对帮扶。学校中层及以上领导干部建立"一对一"结对帮扶特殊困难群体学生，开展就业帮扶指导。二是实施"一生一策"精准帮扶。学校设立春节慰问金等帮扶经济困难学生；老师接送残疾毕业生求职应聘；专业教师为学业困难毕业生"开小灶"补课；辅导员加强家长和学生沟通，为"懒就业""慢就业"学生打开心结，精准施策，助其克服困难。三是设立困难帮扶专项经费。学校按照 350 元 / 生的经费标准对特殊困难群体学生开展就业帮扶，助其顺利就业。四是开展个性化指导服务。学校在大三学年开展全覆盖就业意向调查，2020 年针对各类就业意向开展各类个性化就业指导 50 余场，参与人数达8 200 余人次。

学校组织了解贫困生家庭困难，开展就业帮扶

## 四、强化校企合作，夯实就业渠道

一是广泛对接市场需求。学校广泛利用"校地、校园、校协、校企"合作关系，主动对接人才招聘需求，拓展就业岗位，全年联系招聘企业 1 150 余家。二是校企合作联合培养。学校与知名企业共建产（行）业学院，如"腾讯云大数据学院""中兴 ICT 学院"等；与行业领先企业共建订单班 86 个，截至目前已累计为合作企业定向输送毕业生 2 943 人。三是扎实做好就业推荐。校园招聘活动常态化开展。2020 年共开展线上、线下大型双选会 4 场，共计 1 880 余家用人单位

重庆工程学院 2019 年就业基地集中签约活动

发布 36 700 余个招聘岗位；坚持每周开展线上、线下专场招聘会，共计 301 家用人单位发布 8 890 余个招聘岗位。全年推荐岗位与毕业生人数比达 11 : 1，60% 以上的毕业生通过学校推荐实现就业。

重庆工程学院 2021 年春季校园双选会

## 五、强化激励考核，夯实就业责任

一是开展就业工作年度考核。学校将就业工作纳入校长、分管校领导、招生就业处、二级学院等各层年度目标任务，考核部门及个人绩效。二是设立高质量就业奖励。为促进毕业生更高质量就业，学校出台了《高质量就业奖励办法》，对毕业生本人及二级学院给予实质性奖励。2020 届毕业生高质量就业奖励人数达 1 261 人，占毕业生总人数的 31%。三是设置就业阶段性奖励。2020 年疫情期间，学校根据就业工作推进情况适时出台阶段性工作推进奖励，充分调动全员就业主动性和创造性，汇聚全员工作的正能量。

通过"五个强化"举措，重庆工程学院毕业生就业工作经受住了 2020 年疫情大考，保持了整体情况连续稳定。"十四五"期间学校将紧紧围绕"迎评估、促发展、提质量"的工作方针，不断提升工作水平，助力毕业生更加充分、更高质量就业！

（执笔人：吴优、王建东）

第二部分

2

典型案例

# 1. 多措并举应变局，开拓思路育新机，全力推进毕业生更加充分更高质量就业

重庆大学

2020 年初，面对突如其来的疫情，重庆大学研判形势、主动应对、积极创新、勇于担当，以书记、校长担任组长的学校就业工作领导小组高度重视，多次专题部署就业工作。学校充分利用"互联网 + 就业"新模式，切实做到"招聘工作不打烊、指导咨询不断线、管理服务不停歇"，全力稳定毕业生就业大局。

校党委副书记带队赴国防军工企业参访

## 一、拓宽就业渠道，确保招聘工作"不打烊"

学校采取线上线下相结合的方式，全年举办线上线下招聘活动 2 000 余场，为毕业生提供了充足、稳定的就业岗位。同时面向国防军工单位、重要央企、基层一线等重要领域开源拓岗。学校积极响应"24365""百日冲刺"等国家促就业专项行动，组织实施好"西部计划"等基层项目，扩大毕业生参军入伍规模，努力开发出科研助理岗位 427 个，帮助毕业生尽早实现就业。

为挖掘更多的就业资源，校党委副书记王旭亲自对接重点用人单位，在持续抓好疫情防控工作基础上，于 2020 年 6 月，邀请中国船舶重工集团海装风电股份有限公司来校选聘重大学子，在学校各级领导的高度重视下，在各部门、各学院的共同努力下，宣讲会当天场面火爆，创下学校恢复线下招聘活动以来宣讲会参会人数之最，达 100 余人。公司结合学生学科专业背景、实习实践经验等情况，最终与 11 名毕业生顺利签约。

学生赴海装风电实践

## 二、强化价值引领，确保指导咨询"不断线"

学校牢记"为党育人，为国育才"使命，以"三全育人"综合改革为契机，将就业育人贯穿人才培养的全过程。疫情期间，学校创新性地建立了"屏对屏、面对面、心对心"的线上就业指导新体系，全年举办各类线上线下指导活动 730 余场，参与学生 61 500 余人次。通过设立"远航奖"、开展"使命行""龙骨行动""基层挂职"等系列品牌活动，引导学生坚定"小我融入大我"的家国情怀和报国志向。毕业生进入国防军工企业、艰苦行业、基层和西部地区就业比例逐年上升。2020 届毕业生中，442 人投身国防军工建设，506 人投身选调生队伍，选调生人数较 2019 年增长近 80%。

重庆大学土木工程学院辅导员、"职业发展与就业指导"课程组骨干教师符音始终坚持在就业指导第一战线上，在家创造条件把书房改造成教学直播间，利用互联网为同学们排忧解难，提供线上一对一个体咨询、开展线上简历指导和模拟面试指导、通过 QQ 群实时答疑解惑，全力以赴推动毕业生尽早就业。

远航奖颁奖现场

## 三、加强就业保障，确保管理服务"不停歇"

疫情期间，重庆大学开通 24 小时线上应聘、线上签约、线上咨询等智慧就业服务，建立"一网两平台多渠道"信息服务网，在短时间内实现全覆盖、全流程、全天候的"云就业"管理服务新模式。面向重点学生就业群体，学校建立台账、精准帮扶，2020 年各重点群体就业率均高于全校水平。

学校云招聘、云指导、云签约、精准帮扶等工作成效显著，经验做法被《人民日报》、新华社、中央广播电视总台等 10 余家中央媒体报道宣传。

　　建党百年之际，重庆大学将继续坚守教育报国初心，勇担立德树人使命，积极引导毕业生将个人理想融入国家发展大局，鼓励更多毕业生到祖国最需要的地方去建功立业，在实现中华民族伟大复兴中国梦的伟大征程中作出新的更大贡献。

（执笔人：杨舒麟、杨蓉、张红春）

# 2. 传承西迁精神，守卫人民健康

重庆医科大学

重庆医科大学毕业生传承和弘扬"西迁精神"，响应国家到基层、到祖国最需要的地方建功立业的号召，发扬"抗疫精神"，造就了一大批"下得去、留得住、干得好"的基层医疗卫生服务人才，致力于服务广大百姓身体健康，赢得了社会各界的广泛认可和好评。

## 一、深入基层一线，用科普知识托起百姓健康

王均，男，中共党员，重庆市 2010 级首届订单定向医学生，2015 年毕业于重庆医科大学，在校期间获得国家励志奖学金、重庆市"优秀学生干部"、重庆市"精神文明先进个人"。2015 年参加住院医师规范化培训，2018 年就职于永川区青峰镇卫生院，现任职双石镇卫生院副院长，重庆市医学会全科医学会青年委员。

青峰卫生院辖区内共有常住居民 1 万多人，却只有 4 名全科医生，而每天面对的病人，少则二三十人，多则百余人，这让王均认识到全科医学是基层医疗发展的重要保障。在 2018 年，他创建了永川区青峰镇卫生院全科医学科，并任科主任，将全科医学理念带进医院，向同事、村医、群众科普规范的诊疗行为，向全区乡村医生讲解农村常见病、多发病及急救知识。每年开展 15 场高血压、高血脂健康知识科普讲座，耐心回答现场群众提问。坚持每月开展下村义诊、健康知识宣传及随访慢性病等工作，一年随访 1 000 多例病人；坚持每周一次到家随访患者，每次步行几千米为贫困户体检、免费送药；在患者出院后，他经常步行

到患者家为其换药及指导家属护理。2019 年荣获永川区优秀医师称号，其优秀的诊疗技术得到了患者的一致好评。

他初心不改，满腔热忱，坚守基层，传承着"西迁精神"，弘扬着"抗疫精神"。他说："我愿承担更多的使命，愿将最美的青春之花托付于基层医疗卫生事业，书写出服务基层百姓健康的新篇章，共同描绘健康中国的宏伟蓝图。"

全科医学科成立

患者赠送锦旗给王均

（撰稿人：蔡莹）

## 二、奔赴雪域高原，用抗疫精神助力疫情防控

杨顺明，男，26岁，重庆市巫溪县人，重庆医科大学中医药学院2019届针灸推拿专业毕业生，现就职于西藏昌都市藏医院。

2020年疫情防御战打响以来，正值春节和藏历新年之际，他主动放弃休假，第一时间投入疫情防控工作中，紧急起草各类防控工作的通知和要求，对全院干部职工在岗情况进行摸排，通知所有休假、事假的医务人员快速返岗；迅速成立防控工作领导小组及办公室，先后起草和完善《昌都市藏医院新冠肺炎防控手册》《昌都市藏医院秋冬季及常态化疫情防控手册》等，制作防控预案3份、防控制度5项、流程图20幅。指导、安排全院各科室学习疫情相关知识，组织培训相关防控技能知识114次，防控演练3次，培训人员近500人次；认真做好

杨顺明

各项排查、统计工作，收集、整理住院和门诊患者的发热和新冠肺炎核酸检测等数据，及时准确地向各上级部门提交、汇报各项疫情信息数据。他连续"奋战"三个月，每天加班加点，任劳任怨，坚持奋战在疫情防控工作中。2020年5月4日，获评"昌都最美战役青年"。

杨顺明表示："从踏入重庆医科大学校门的那一刻起，'西迁精神'就一直在给予我做人的启迪和方向，指引着我对明天道路的选择，我为自己选择到西藏从事基层卫生工作感到十分自豪——做一名合格的医生，不忘初心，牢记使命，医路前行，我辈不止！"

（撰稿人：周恒）

## 三、克服重重困难，为藏区儿童健康成长保驾护航

陈思仲，男，天津市人，2020年7月毕业于重庆医科大学临床医学本科专业。在校期间曾任班长，2次荣获青年志愿者先进个人，现任职西藏昌都市洛隆

县人民医院儿科医生。

　　来到偏远的昌都市洛隆县，面对不会藏语、难以有效进行医患沟通的难题，他抓住点滴时间学习藏语，一个月后就能用藏语与患儿家属交流病情。他充分利用一切时间，努力钻研儿科及新生儿科理论知识。在援藏专家的指导下，熟练掌握了新生儿气管插管术及脐静脉置管术，能独立组建急救团队进行新生儿窒息后复苏，并成功救治多名重度窒息的新生儿及低出生体重的早产儿。在两个患儿急需输血，但医院血库暂无同型血液的情况下，配型成功的他主动献出了自己的血液，为救治新生儿奉献自己的一点绵薄之力。

　　他说："重医前辈们的'西迁精神''抗疫精神'时刻激励着我，我将不忘初心，牢记使命，敢于担当，救死扶伤，服务人民，用自己的热情和行动，为社会主义新西藏的建设添砖加瓦，把这座连接着藏汉同胞的桥梁打造得更加坚实与牢固。"

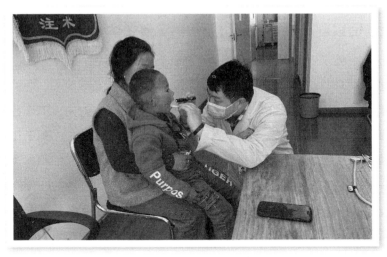

陈思仲认真诊治患儿

（执笔人：秦谊英）

# 3. 落地落实落细，提升学生职业发展指导实效

重庆师范大学

近年来，重庆师范大学秉持"就业育人"理念，以就业指导为基点，将生涯教育作为就业创业工作的重要抓手，根据不同年级、不同职业选择的学生，制订不同的生涯教育课程教学方法，提升就业指导实效。

## 一、职场情景剧比赛，开创职业角色沉浸式体验的新模式

为帮助广大学生熟悉职业环境，增进职场认知，2020 年 11 月，在学校第二届"就业活动月"期间，招生就业处主办了主题为"我是职业人"的首届职场情景剧比赛。尝试通过职场情景模拟的方式，增进广大学生对岗位工作特征、角色要求和职场文化的沉浸式体验。11 支由各学院学生组建的队伍参加了比赛。

根据比赛要求，各参赛队伍需在正式比赛前一周提交完整的剧本，由主办方安排指导老师对剧本提出修改建议，各组再根据修改后的剧本进行排练；正式比赛中，各参赛队伍需在 10 分钟内集中展示大学生在职业选择、职场适应或职业发展过程中的一个或多个典型情景，达到引发思考、激发动机、促进行为等目的。最终，《心生》《职途》等 6 个剧目因主题鲜明、内涵深刻、表演生动，在比赛中脱颖而出，获得奖项。

谈及获奖感受，《职途》的主创之一潘同学表示，此次参赛剧目源于几位同学的暑期兼职经历，通过情景剧的方式，大家不仅重温了暑期兼职的种种挑战，也融入了很多兼职后的成长体会，是一次重要的复盘和成长；《心生》的主创之一易同学表示，此次她和团队成员共同演绎了一名心理健康教师在入职初期经历

挑战并逐渐适应的过程，作为应用心理学专业的学生，通过剧目的设计和表演，深刻认识到职场情景剧在本专业未来职业发展中的广阔应用空间。

作为此次比赛的指导教师，学校职业生涯规划与就业指导教研室董薇老师认为，职场情景剧作为近年来新兴的职业生涯教育形式，兼有沉浸式体验和叙事治疗等多种优势，能帮助表演者和观摩者更形象地理解岗位角色要求和职场文化，认清自身职业发展的优势和不足，强化职业发展动机，促进职业发展行为。未来，学校还将对这一教育形式持续改进，让职场情景剧与职场摄影展、职场电影展播成为学校开展"形象化"职业生涯教育的载体。

"我是职业人"情景剧比赛

## 二、直面问题，解决大学生创业过程中的难题

因向往蓝天，小黄考取了重庆师范大学艺术教育（空乘与礼仪）专业；在学习和兼职中，他利用专业优势整合资源，在我的帮助下成功创业，目前公司经营良好，被《重庆日报》《今日头条》等多次报道。

一是科学地选择未来的路。大三即将进入专业顶岗实习时，小黄情绪极其低落，对职业选择表现出迷茫甚至无所谓的态度。通过咨询，我引导他认识到求职是一场决定自己未来命运的关键战役，不仅要做好面对困难的思想准备，还要有战术、有目标；把困难简单化或负面情绪扩大化都是不可取的，卸下包袱，放松心态，才能更理性地面对现实，寻求突破。通过与小黄共同分析其职业发展的优劣势，他认识到自己有比较丰富的大型活动主持经验，与人沟通交流顺畅，处理问题条理

**与就业指导老师交流**

性强，加之希望留在父母身边，所以在重庆本地自主创业成为他的发展目标。

二是教会创业学生如何"上马"。2019年6月，小黄成立了一家文化传媒有限责任公司，主要承接经批准的文化艺术交流活动，业务涵盖舞台搭建、摄影拍摄、礼仪服务等。在公司成立之初的一次咨询中，我们一起研究如何通过申报创新创业项目获取学校支持，如何选址入驻孵化园等具体事宜，我还通过自己的人脉资源介绍了一些业务让他起步。

三是在创业道路上"送上一程"。公司经营过程中的问题很多，必须持续开展创业指导。在一次咨询中，小黄谈到自己个性随意散漫和不善于管理的劣势，我鼓励他加强企业管理知识的学习，时刻提醒自己要担任起整个公司和员工的责任。一段时间后，他的公司逐渐走上了正轨，承接了政府、学校、社会各界多项活动，也被《重庆日报》《今日头条》等主流媒体报道。

"在2020届毕业生的求职创业历程中，我作为一名毕业班辅导员，经历和陪伴了学生求职创业的全过程，切身感受到了毕业生就业创业所经历的高潮与低谷、欣喜与失落。绝大多数同学在找工作过程中都曾遭遇过短暂的'滑铁卢'，我认为帮助学生在就业瓶颈期迅速调整好心态和状态，很大程度上关系到他们的职业选择能否顺利和圆满，这也是一名辅导员应尽的责任。"

（执笔人：董薇）

# 4. 从西南到西北

## ——让青春在基层绽放绚丽之花

重庆第二师范学院

陈明秀，女，2020 年毕业于重庆第二师范学院学前教育学院学前教育专业。2020 年 5 月，陈明秀报名参加了西部计划兵团专项基层服务项目，现服务于新疆生产建设兵团第八师石河子市 121 团文体广电服务中心，现担任第八师石河子市西部计划团总支文体委员，主要负责记者摄像、新闻制作、电视收费及维修报备等工作，负责带领师市志愿者开展各项活动等。

新闻制作

## 一、心之所向，行之所往

2016—2020 年，陈明秀在重庆第二师范学院学习学前教育专业。进校伊始，她就发现学校十分注重学生创新精神、实践能力和社会责任感的培养，不仅有丰富多元的专业课程，还将课外实践也纳入了人才培养方案。她和同学们每学期在完成专业课程学习的同时，还要通过参加志愿服务、创新创业、素质拓展等完成实践学分的修习。也正是在这样的培养环境下，大一时她在学校看到西部计划的宣传标语"到西部去，到基层去，到祖国最需要的地方去"，这句话在她心中种下了到祖国西部去、到基层去的一颗种子，那时候，她就想着毕业后到基层锻炼自己、磨砺自己。在大四就业指导课上，老师讲到一位学姐在新疆的发展情况，她那颗服务基层、服务边疆的种子便破土而出、生根发芽。终于，在毕业之际，她报名参加了西部计划兵团专项志愿者项目。

## 二、锲而不舍，坚定初心

刚到新疆，培训期间她就迎来了人生中第一次沙尘暴，一瞬间晴朗的天空就变得浑浊，训练被迫停止，人员赶紧转移到室内。新疆的气候很干燥、风沙大，与重庆的湿润形成鲜明对比，她在那边经常流鼻血，皮肤干得像萝卜网，擦了好多水乳都没用；饮食上馕饼、馍馍之类的也吃不惯；住宿条件也不好，墙皮掉得到处都是，厕所马桶也是坏的，与她想象中的住宿条件相差甚远；零下二三十度还得拿着铲子去铲雪……现实的"残酷"，让她开始怀念重庆的"美好"。

可当她看见服务单位的领导和同事们那一张张疲惫却坚定的脸庞时，她为自己那一瞬间的退缩感到羞愧。她想起了自己当时决定去新疆时的初心，想起了"锲而不舍，止于至善"的校训。是呀，自己是去做志愿者服务社会、奉献自我的，不是去享受生活的，怎么能一有困难就想着要放弃了呢，不能被困难打倒，不能向挫折屈服，那一刻，她从"心"开始了她的志愿服务之旅。

## 三、扎根基层，服务边疆

接下来的日子里，她扛起锄头在西北黄土上种下一棵棵防风固沙的树苗；她为困难学生筹集温暖包，帮助生活困难的孩子完成新年愿望；她为一个个孩子在新年之际送去新衣服新鞋袜……周末的休息时间，她几乎全用去做志愿服务了，脸晒黑了，皮肤也变粗糙了，但内心却感到前所有未有的充实和满足。

眼看 2021 年春节越来越近，她无数次点开购票 App，不停地看着机票信息，与家人商量着哪一天回家，过年要吃些什么菜。她已经近半年没回家，没吃过妈妈做的饭，看着父母为自己准备熏腊肉、腊肠，杀鸡宰鸭的视频时，她对家人所有的思念情绪涌上心头。她准备向兵团提出回家过年的申请，可就在这时她收到了就地过年的倡议，在纠结过后，她决定留在石河子过年。她说作为一名西部计划志愿者，一名新时代的新青年，她有义务响应国家和兵团的号召，留在新疆过年，体验不一样的春节。

西北黄土植树

## 四、不负青春，不负未来

时光飞逝，她到新疆已经一年了，青春的稚嫩从她脸上慢慢褪去，陈明秀在最平凡的岗位上，绽放着最火热的青春。有同学问她，是否后悔当初的选择，她一边笑一边摇头说："不到新疆不知祖国之辽阔，不到兵团不知祖国之壮丽，我从不后悔将自己最美的青春奉献在新疆兵团的这片大地上！"回想四年的大学时光，她对母校充满了感激，她说："大学所学所获是我前行的风帆，我要继续发扬奉献、友爱、互助、进步的志愿者精神，让自己的青春在基层绽放绚丽之花！"

我们相信，点滴微光可以照亮整个世界！

（执笔人：陈明秀、胡轶众、伍智勇）

# 5. 学校党委书记调研万州经开区，
# 助力地方经济发展

重庆三峡学院

为贯彻落实党中央、国务院关于做好新冠肺炎疫情防控和毕业生就业工作的重要指示精神，推动学校"稳就业""保就业"工作，发挥好高等教育为地方经济建设服务作用，促进企业复工复产，确保学生顺利实现就业，2020年6月3日，重庆三峡学院党委书记李廷勇带队调研重庆市万州经开区，与经开区党工委副书记、管委会主任蒲承明等有关人员就人才培养、学生就业等系列问题进行深入沟通与交流，并走访相关企业。

学校校长助理戴胜利在对接洽谈会上讲话

## 一、学校主动出击，为地方经济建设服务

李廷勇书记代表学校着重介绍了近几年的发展情况，特别是专业设置、人才

培养、创新创业、技术服务、科研成果等方面取得的成效。希望管委会及企业与学校在优质就业、实习实训、人才培养、技术合作等诸多领域进一步加强密切沟通，强化协同合作的育人力度，而学校也将根据万州区域经济发展与产业服务升级的要求，围绕发展方向设置更科学合理与优化现有专业，推动学校人才培养与企业深入发展的有机融合和相互促进，实现校企双赢。

万州经开区到校招聘

## 二、企业积极回应，达成多项合作意向

蒲承明主任首先介绍了万州经开区的基本情况、发展前景和人才招引政策，并就双方如何发挥好人才阵地与高校智力优势，开展产教融合、专业共建、科研成果转化等多层次、多方面的合作和助推经开区深度建设与长远发展提出了富有针对性的意见与建议。相关企业介绍了自身发展状况以及与学校合作的可能性，就学生实习就业、科研合作等达成多项合作意向。

## 三、狠抓落实落地，助力企业复工达产和毕业生更加充分更高质量就业

调研活动后，学校积极调整思路，对接库区经济发展，主动适应万州产业升级要求，针对万州重点企业的类型特点积极探索打造大学生高质量就业平台，为万州重点企业和学校优秀毕业生搭建高效的人才资源平台，并且通过建立万州重

**库区招聘会**

点企业人才需求库、举办万州企业专场双选活动等多种形式促进学校和重点企业人才资源的互联互通。2020 年 11 月 27 日，万州经开区重点企业专场双选活动在重庆三峡学院顺利举行。在此次招聘会上，万州经开区共组织了重庆金乡精密管件有限公司、重庆三雄极光照明有限公司、重庆华歌生物化学有限公司等 20 余家知名企业与单位参会，以化学工程师、软件开发师、机械工程师等岗位为主，推进相关的就业岗位 270 个，需要各类人才 1 100 名；招聘现场共吸引 600 余名毕业生进场洽谈，递交了应聘简历 270 份，其中 59 名毕业生与企业达成了就业意向。

## 四、坚持不懈，形成良性互动的长效机制

通过多年努力，学校立足万州本地，聚焦教育、机械、电子、商贸等行业，不断挖掘本土就业资源，深入搭建战略合作平台，同万州当地重点企业达成了共识，在人才培养与使用等方面开展了密切合作。中国船舶重工集团长江科技有限公司、中国铁塔股份有限公司万州分公司、长安跨越车辆有限公司、重庆雷士照明有限公司、重庆市鱼泉榨菜（集团）有限公司、重庆宜化化工有限公司、重庆

**毕业生积极应聘**

江东机械有限责任公司等重点企业纷纷转变思路，将引才目光落在学校。这些企业与学校建立了完善的人才培养与引进机制，依托校企合作共同创建了学生实习实训基地，并定期在校内举办各种类型与形式的招聘活动，而学校针对企业主导的产业方向，实施了精准的就业推介，主要分布在教育、文化体育和娱乐业、信息传输、软件和信息技术服务业、批发零售业、建筑业、居民服务业、水利环境和公共设施管理业、公共管理、社会保障和社会组织等行业，在学校与企业的共同努力下，近三年万州区重点企业每年累计吸纳了学校毕业生就业 400 名左右，有力地助推了毕业生的就业工作。

（执笔人：曾继平、林辉春、周高超）

# 6. 整合资源，形成合力，就业联盟促就业

重庆文理学院

近年来，重庆文理学院整合资源，联合多所职业院校，组建就业联盟，通过"走出去、引进来"的方式，与多个地方政府、产业园区、人力机构、重点企业合作，资源共享、形成合力，积极推进毕业生就业工作。

## 一、整合资源，组建联盟助推就业

永川地处成渝地区双城经济圈重要节点、主城都市区战略支点，国家《成渝地区双城经济圈建设规划纲要》中提到"支持永川建设现代制造业基地和西部职

重庆职教城 2019 届毕业生秋季双选会

教基地"。近年来永川产业不断转型升级，机器人及智能装备、汽车及零部件、电子信息、新材料等新兴产业的发展，正在倒逼职业院校人才培养模式的改革和人才输出方式的创新。为整合资源，吸引有影响力的地区及企业组团前来永川招聘，学校联合永川区2所本科、5所高职、10所中职，共17所院校组建了"西部职教基地就业联盟"，在人才供给上建立从"产线工人""技术管理"到"科技研发"等多层次的"人才超市"，实现每年联盟学校4.2万名毕业生打包推送。

## 二、搭建平台，组团拓宽就业渠道

一是联盟学校利用毕业生层次及数量优势，积极组团外出开拓就业市场，先后赴珠三角、长三角、海峡西岸经济区、四川成都、绵阳、泸州，重庆两江新区、荣昌区、大足区、江津双福工业园区等地考察就业市场，与当地政府、产业园区、行业协会建立联系、开展合作。举办"浙江省金华市　西部职教城就业联盟政校企对接洽谈会""石狮市人力资源和社会保障局　西部职教城就业联盟就业工作座谈会""深圳市龙岗区龙岗街道　重庆职教城就业联盟政校企合作交流会"等活动。二是与重庆重点人力、欧达人力、昊泰人力，四川正航人力、泸州瀚源投资集团等人力资源机构开展劳务合作，与重庆汇博人才、智汇人才，浙江

政校企对接洽谈会

海智汇、云聘会等人才服务网建立长期合作关系。三是与华为、富士康、昌硕科技、旭硕科技、正威集团、群光电子等企业开展校企合作、订单培养、顶岗实习等合作。四是连续多年举办水电、财经、建筑、综合类大型双选会、供需见面会，每年吸引地方政府、高新园区、人力机构组团企业到联盟院校开展专场双选会达 10 余场，为联盟院校学生提供充足就业岗位。如"重庆职教城 2019 届毕业生秋季双选会暨 2018 年高校毕业生留永就业创业服务进校园活动月""2020 绍兴招才引智春季专列重庆职教城就业联盟（学校）专场线上招聘会"等活动。

## 三、强化服务，促进联盟协同发展

一是联盟学校定期召开工作研讨会、座谈会，总结上一年度工作、商讨下一年度计划、研判当前就业形势。二是强化服务意识，为政府、企业提供优质服务。为到联盟学校组团招聘的企业，按需组织各类专业学生参会，让他们乘兴而来，满意而归；联盟学校定期回访合作机构，开展对用人单位与毕业生的满意度调查，听取对联盟学校人才培养与就业服务的意见建议。三是加强联盟院校就业工作队伍建设，提高就业服务水平。统一举办就业师资培训，举办"职业导师中级认证培训""创业指导师中级认证班""就业创业工作人员培训班"，就业联盟院校共 200 余名就业创业工作人员参与培训并取得相应合格证书。

联盟学校回访合作机构

　　近年来，就业联盟逐渐从成立之初单一地共享招聘信息，发展到以联盟为单位举办大型招聘活动、组团拓展市场、建立优质就业基地、开展就业师资队伍培训、举办就业创业比赛活动、合作开展就业创业课题研究。就业联盟通过整合资源、建立政校企合作、搭建人才共享平台，对拓宽职教学生就业渠道，促进联盟院校毕业生更充分更高质量就业发挥了较大作用。

（执笔人：周道林）

# 7. 依托两业两域，全力开拓市场

重庆科技学院

重庆科技学院在毕业生就业市场急剧变化、就业形势日益严峻的情况下，遵循市场规律，适应市场变化，依托两业两域（石油行业、冶金行业、安全领域、重庆地域），积极巩固拓展毕业生就业市场，定期走访用人单位，与用人单位保持了良好关系，为促进毕业生高质量充分就业提供了坚强保障。

## 一、定期走访"三桶油"，举办石油行业专场招聘会

学校领导定期带队走访中国石油、中国石化、中国海油总部及各二级单位，介绍毕业生生源信息，邀请参加石油行业专场招聘会，举办了中国石油 2020 届毕业生校园招聘宣讲会、中国海油 2021 年校园招聘宣讲会等石油行业专场招聘

学校走访石油行业用人单位

会，由学校领导亲自主持，学生处、研究生处等部门负责人、各二级学院学生工作负责人、毕业班辅导员及毕业生代表参加。

## 二、定期走访冶金企业，举办冶金材料专场招聘会

学校领导定期带队走访冶金行业、有色金属工业协会及各冶金企业，介绍毕业生生源信息，邀请参加冶金专场招聘会，学校每年举办冶金材料专场招聘会，校领导、学生处、研究生处等部门负责人、冶金与材料工程学院负责人、各系支部书记、系主任、专业负责人、专业教师代表和毕业班辅导员等现场推介毕业生。

学校走访冶金行业用人单位

## 三、定期走访安全领域企业，举办安全专场招聘会

重庆科技学院安全工程学院由重庆市应急管理局（原重庆市安全生产监督管理局）和重庆科技学院共同组建，在重庆市应急管理局的支持下，学校定期走访重庆安全领域企业，邀请重点用人单位参加安全专场招聘会，重庆建工集团有限公司、重庆中航建设（集团）有限公司、中建五局等企业每年来校招聘，涉及安全、消防、建筑、石油、化工、机械、电气等相关专业，提供就业岗位近1 000个。

## 四、积极拓展重庆本地企业，举办专场招聘会

学校积极与重庆市沙坪坝区、重庆市九龙坡区、重庆市渝北区、重庆市潼南区等地人力资源和社会保障部门合作，走访西永微电园、仙桃大数据等工业园区企业，邀请重庆本地企业参加学校"周五双选会"。各二级学院也根据专业特点，积极走访重庆本地企业，邀请参加机械专场、电气专场、建筑专场、化工专场、计算机专场等专场招聘会。

学校通过巩固拓展毕业生就业市场，建立了一批稳定的就业基地，其中，校级重点单位 200 家，校级普通单位 500 家，院级单位 1 000 家。学校每年走访校级重点单位 20 家以上；各二级学院组织走访院级重点单位 100 家以上。学校与就业基地保持了良好的关系，就业基地有力保障了毕业生就业的主渠道。学校针对 2020 届毕业生，举办 18 场现场双选、6 场网络视频双选会和 401 场企业专场招聘会，有效岗位供需比超过 4：1。通过对 2020 届毕业生就业行业进行分析，毕业生在"两业两域"就业的比例在 80% 以上。2020 届毕业生在世界 500 强就业人数为 609 人，占就业总数 16.2%；就业满意度为 81.37%；用人单位对毕业生的满意度为 99.82%。

（执笔人：伍静、周雅舒）

# 8. 筚路蓝缕苦钻研，争当双创排头兵

重庆大学

陈丹，女，重庆大学材料科学与工程学院 2020 级材料与化工专业硕士研究生，曾为重庆大学 2016 级本科学生，现任重庆大学学生创新创业中心副主任、学生科学技术协会主席。她理想信念坚定、矢志创新创业，获得国家级荣誉及奖励 15 项、省部级荣誉及奖励近 30 项，相关事迹被《中国青年报》、新华网、《重庆日报》、中国新闻网等新闻媒体多次报道。

## 一、矢志创新，刻苦钻研，解决异种金属焊接难题

陈丹自小便树立科创报国的理想，学习刻苦、成绩优异，在重庆大学攻读学士学位和硕士学位期间，多次获重庆大学优秀学生综合奖学金甲等奖（前 2%）、前锋甲等奖学金、朗朗重大之星等荣誉。

一是快速投入科研工作。陈丹在大一期间便进入实验室，参与中央高校基本科研业务费学生创新能力培养项目。为了解决"卡脖子"问题，打破国外技术垄断，在导师的指导下从零基础、零条件开始自主研发，历经上千次失败，成功研制出了具有完全自主知识产权的电磁脉冲焊接设备，啃下了因不同金属物理化学性质差异而难以连接的"硬骨头"，实现了铜—铝、镁—铝等金属的可靠连接，为助力我国制造业提质升级贡献青春力量。

二是积极思考，创新探索。项目攻关的过程中，她提出了采用 Marx 电路与脉冲变压器结合的方式，解决了放电开关同步控制触发的难题；采用机械手臂实现了焊接的远程控制；改进焊接线圈结构，提高了放电能量利用率。相关成果为：

以第一发明人授权国家发明专利 2 项，发表 EI 论文 1 篇、国际会议论文 1 篇。

三是积极参与各类学科竞赛，在 2019 年第十六届"挑战杯"北航投全国大学生课外学术科技作品竞赛中，陈丹带领团队成员夜以继日改进设备、打磨作品，最终获全国二等奖（排序第一，科技发明制作类重庆最好成绩）、累进创新银奖（排序第一，西南地区唯一）。曾获 2019 全国高校人工智能创新大赛全国一等奖、2018 年第十二届 iCAN 国际创新创业大赛中国总决赛一等奖等荣誉及奖励。

陈丹在"挑战杯"竞赛中获全国二等奖

## 二、志存高远，投身双创，瞄准市场促进技术推广

陈丹深知，科学技术要为经济社会的发展服务，才能突显价值。因此，她立足已有的科技创新成果，成立了重庆大学"变形轻刚"创新创业团队，积极参与创业竞赛，在参与竞赛的过程中不断听取行业专家、投资者们的意见，对市场定位、商业模式、技术方案等不断打磨，并在这一过程中推广电磁脉冲焊接技术。

一是推动技术的国际化，与美国 Case Western Reserve 大学开展项目合作，获得 2020 年第六届中国国际"互联网 ＋"大学生创新创业大赛金奖（排序第四，西南地区唯一国际项目金奖）。

二是斩获 2020 年第十二届"挑战杯"中国大学生创业计划竞赛金奖（排序第一，重庆本科高校唯一）、网络人气项目，助力团市委获评省级优秀组织奖。

三是带领团队获批国家级大学生创业训练项目、国家级大学生创业实践项目，均以优秀结题，获评第十三届大学生创新创业年会最佳创意项目。

四是项目被《中国青年报》《重庆日报》、华龙网等多家新闻媒体报道，增加项目曝光度，不断提升其影响力，扩大影响范围。

陈丹接受新闻媒体采访

## 三、玉汝于成，产研结合，绿色技术推动提质升级

陈丹带领团队瞄准"碳中和"与"碳达峰"的重大战略需求，打造电磁脉冲焊接成套设备，为企业提供速度更快、质量更高、污染更小的轻质金属加工制造新工艺，可用于电动汽车、电力设备等制造业。

一是为促进技术尽快落地应用，带领团队成员走访了长安汽车、国家电网等多家企业，开展技术推广、市场调研，并根据相关企业要求不断进行设备升级，并积极开拓市场，推动与瀚川智能、宁德时代等企业的合作。预测显示，将该设备应用至电动汽车高压电缆接头，可实现铝线替代铜线，每年可节约成本约3.4亿元，线缆质量问题减少30%。

二是与国家电网公司展开技术合作，将设备投放试用于电力电缆、接地扁钢等连接中，根据反馈结果进行相应调整，现成果已在国家电网依托工程中初步应用。

陈丹及团队成员开展设备推广

三是创新模式，引入资金，促进项目融资合作。现已获得珠海横琴新区硕方机器人自动化有限公司、宗申·比亚乔佛山摩托车企业有限公司、浙江复腾投资有限公司等企业的融资意向，累计金额达 200 余万元。

## 四、勇于担当，以行带人，激励青年学生投身双创

陈丹同学积极分享自己的学习、科研、创业经验，发挥榜样引领作用，带动和帮助更多的青年学生投身创新创业的时代浪潮。

一是先后担任了重庆大学学生创新创业中心副主任、学生科学技术协会主席、班级团支书等 8 项学生职务，累计主办或协办市级双创类竞赛活动 6 次，校级 30 余次，助力重庆大学在 2018—2020 年连续三年捧起"挑战杯"竞赛的"优胜杯"，斩获重庆市第一个中国"互联网＋"大学生创新创业大赛全国金奖。她所负责的学生科学技术协会获评"全国学生最具影响力百强社团""全国最具影响力科技创造社团"等荣誉。开展双创类培训会 10 余次，为同学们分享自身双创经验，培养其创新创业意识，提升其创新创业能力，引导和帮助青年学生投入创新创业的时代浪潮。

二是勇于担当，以创业助力脱贫攻坚，她与同学共同发起了"春藤助梦"创业项目，搭建平台、创新模式、开展培训，助力贫困户销售农产品，累计帮助百

余名农户实现增收，销售额达600余万元，入选中国公益慈善项目大赛百强项目、青年中国行全国百强，获智慧乡村建设突出贡献奖等。

陈丹同学始终牢记习近平总书记对青年的嘱托"新时代中国青年要练就过硬本领"，勤奋学习、刻苦钻研，将自己的汗水挥洒在科技攻关的最前沿和创新创业的最前线，用奋斗书写无愧于时代的青春篇章。

（执笔人：王鹏飞）

# 9. 设计脱贫，致富乡村

四川美术学院

荆治豪，四川美术学院设计艺术学院 2019 级研究生。他的身份既是学生，也是扶贫路中文化创意与品牌衍生方向上的一位设计师。他通过设计介入扶贫实践项目，策划了"万春村腊肉"的品牌形象，投产落地后年销售额从几十万元猛增到如今 1 000 余万元。

**重庆市委常委、统战部部长李静莅临万春腊肉生产基地**

现如今，他还是一名预备党员，希望未来能以党员身份利用设计帮助更多农产品走出深山，帮助农民致富。

## 一、初识结缘，发现机会

2018 年的秋天，荆治豪跟随导师到重庆巫溪县天元乡万春村进行下乡调研。这是一个从大学城开车 10 多个小时才能到达的深度贫困村庄，冬天道路结冰、夏天山洪滑坡。交通不便、劳动力流失严重、家户养殖、种植分散难以形成集约化规模，种种现状都制约了天元乡振兴、摆脱贫困，当时的状况可谓是"百业萧条、百废待兴"。

现如今荆治豪提起这段经历都是苦笑不已，这是他第一次深入基层亲身参与到扶贫工作当中，遇到的困难远比想象中的多且复杂。他也坦言"此时距离全面完成脱贫目标只有不到两年，我们其实并没有完全的把握去把这个项目做好"。

团队实地走访考察后发现当地大多数农户都养猪。团队当时就认定，如果能将农家自养土猪肉做成腊肉，做成集中化、产业化、品牌化的模式，可能是一个很好的脱贫产业切入点。

## 二、亲历实践，初见成效

2019 年，四川美术学院设计学院第三党支部组织创业大学生及指导老师再次赶赴天元乡万春村进行设计扶贫。扶贫工作队队长、校党委副书记左益鼓励大家加强行业分析，发挥川美学科专业优势，通过设计为万春腊肉提供品牌打造、包装设计和营销服务，助力天元乡万春村脱贫致富。

扶贫工作队队长、四川美术学院党委副书记左益与设计团队亲切交流

返回学校之后，团队就在曾敏导师的指导下着手启动"万春村腊货"品牌包装设计。"万春村腊货"品牌设计理念是让更多消费者体验到万春村的好山、好水、好猪肉，针对销售旺季春节前的这段时间，团队还设计了一个万春村腊肉年

货大礼盒，内含腊肉、香肠、猪蹄、排骨系列小包装。

驻渝全国人大代表参观荆治豪设计工作室

年底"万春村腊货"成功落地上市，销售额猛增 700 多万元，通过分红全村大部分人员摆脱了严重贫困。

这一事件可以说是荆治豪心态变换的关键节点。"我第一次体验到通过设计能帮助到一个村庄、一户户人家摆脱贫困。"设计并不局限于"附加行业"，他认为虽然在扶贫工作中他做出的贡献是微不足道的，但对他个人而言却起到了深远的作用。"修身、齐家、治国、平天下"的火苗就在他内心燃烧了起来，荆治豪希望能以更规范的行为和更高的觉悟要求自己，在这之后他就向学校提交了入党申请书，成为入党积极分子。

## 三、迎来曙光，快速发展

2020 年疫情也给万春村的腊肉发展带来了"危"与"机"。猪肉价格波动让整个市场危机四伏，而万春村的腊肉由于从生产管理到加工销售已越发成熟，即使受到猪肉价格波动的影响，也仍以过硬的品牌和产品质量挺过了危险迎来了机遇，销售额再创奇迹，突破了千万大关。一幅富饶美丽的乡村画卷在此缓缓展开。

荆治豪于疫情返校后参加学校《毛泽东思想与创业精神》创新创业实验班，认真学习并深刻体会了《毛泽东选集》中的创业精神、思维方法和时代精神，认识到我们就是扶贫工作中的"星星之火",在党的带领下深入基层,去振兴乡村,从而形成燎原之势,运用所学得的知识守正出奇,创新制胜,以新模式、新方法带领更多民众脱贫致富。在经历了设计扶贫的工作之后,他也通过了党组织的考验,成为一名光荣的预备党员。

2021 年,荆治豪即将挥别赠予他庞大知识宝藏的校园,但相信设计扶贫项目为他积累了经验的同时也给了他更多的信心,让梦想瓜熟蒂落,支撑他未来通过设计影响更多的人,追逐梦想,不忘初心与使命,回馈这片滋养他成长蜕变的土地。

（执笔人：曾敏）

# 10. "深化三大改革，突出激励保障" 打造创新创业教育升级版

重庆水利电力职业技术学院

为进一步加强创新创业工作，推进创新创业教育改革升级，重庆水利电力职业技术学院从体制机制改革入手，着力实施人才培养模式、考核评价机制和后勤资源"四化"等"三大改革"攻坚，突出激励保障措施，突破重重阻力，推动创新创业教育向纵深发展，取得了积极成效。

教育部领导参观

## 一、构建"1+1+1"人才培养模式，深化创新创业课程教学体系改革

学校把创新创业作为提高人才培养质量的出发点和落脚点，深化课程教学体系，构建了"1+1+1"创新创业人才培养模式。1 门创新创业必修课：设置 5 个学分的创新创业必修课，纳入学校全部主修专业，培养创新创业意识，覆盖面

**创新创业导师合影**

100%；1 个辅修专业模块：专门设置创新创业辅修专业，制订创新创业专业人才培养方案，开设 5 门 10 个学分的创新创业课程，凡是选择创新创业辅修专业学习的学生必须修满 10 个学分才能毕业，2020 级选择创新创业辅修专业学习的学生达 689 人；1 个创新创业实践训练模块：通过"创业协会—创客沙龙—创业训练—创业竞赛—创业项目"五维协同开展创新创业实践训练，有效实现创新创业教育全覆盖、分层次、全过程。2020 年，在校学生 6 300 余人次参与实践训练，占比 81%。

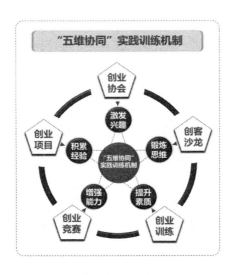

**"五维协同"实践训练机制**

创客沙龙第二期

## 二、构建"四挂钩"考核体系，加强激励保障促进工作落实

"四挂钩"：围绕创新创业教育工作涉及的各个方面、各个环节、各项标准，按照目标量化、考核硬化、过程易化的原则，分层、分类出台考核激励制度，充分发挥考核指挥棒作用，调动全校各部门和全体师生工作积极性，共同承担教育任务、共同参与教育过程、共同分享教育成果。一是与部门业绩挂钩。结合职责分工，将创新创业教育工作纳入创新创业办、教务处等15个职能部门和二级学院工作职责之中。在各二级学院年度业绩考核中设置创新创业单项考核奖，单独给予奖励，同时计入总体考核，占比15%。二是与教师业绩挂钩。出台《专任教师年度业绩考核实施办法》等制度，将创新创业工作作为教师年度考核重要内容，实训指导教师占比10%、专任教师占比15%、辅导员占比20%。同时，对创新创业工作业绩突出的教职工，年度考核直接评优，奖励5 000元/人，近三年14人次因创新创业工作业绩突出，年度考核直接评优。三是与学生业绩挂钩。出台《学生创新创业考核暂行办法》，设置学生创新创业专项奖学金，并将学生创新创业业绩计入创新创业素质拓展学分，与奖学金评定、评优评先、推优入党挂钩，2名学生因创新创业业绩突出留校工作。四是与职称评审挂钩。出台《专业技术人员职称推荐评审暂行办法》，将创新创业工作业绩纳入教职工职称评审条件（评分标准），占比10%～20%。2020年3名教师因创新创业工作业绩突出而晋升职称，2020年给予52个创新创业导师团队奖励经费38.9万元。

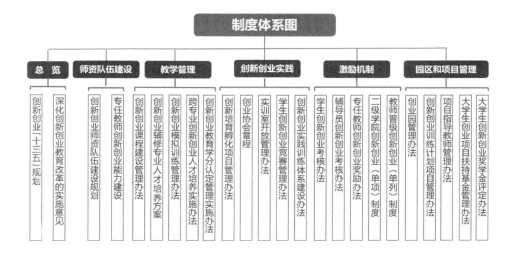

## 三、实行后勤资源"四化"改革，面向创新创业配置办学资源

学校将创新创业作为改革的突破口，主动将办学资源向创新创业教育配置，全面推进后勤资源教育化、教学化、社会化、信息化改革。在疫情防控背景下，把校内后勤资源用于学生创新创业真创实践活动，开辟校内真实创业演练场。学校提供500余万元资金和资源，依托所开设的水环境监测、园林艺术、物业管理、

赛后获奖集体照

电子信息技术、供用电技术等专业，学生注册成立泽丹物业、润泽纯净水等 5 家创业公司，共计 42 名在校学生参与组成公司团队。委托丹田物业集团负责提供技术指导，并组织专业教师，通过现代学徒制的方式，与学生共同参与提供校园绿化、供水服务、物业管理、保洁服务、维修维护等后勤服务。2020 届学生参与后勤真实创业 700 余人。真正把市场让利给学生、把资源让利给学生，让学生全面开展创业管理和实践，全面提高学生创业能力、专业能力和实践能力。

（执笔人：胡先学、陈吉胜、涂丹妮）

# 11.　青春溢光彩，创业展芳华

重庆经贸职业学院

　　"校政企"聚力培养电子商务创新创业人才，自重庆经贸职业学院开展电子商务创业培训项目以来，有一群优秀创业青年，他们有的立志于电商改变命运，实现跨专业激情创业；有的在不惑之年选择再出发，重新回归校园，一心深耕黔江特色农产品，为黔江的辣椒、脆红李等产品开拓商机……他们聚梦经贸，在电子商务创业培训班实现自己的价值。

## 一、励志典型，在奋斗中成就自己

　　徐长乐，20 岁，重庆经贸职业学院 2019 级在校学生。对徐长乐而言，他的成功不仅在于天时、地利、人和，更在于这是一个关于爱的故事。

　　由于他家庭条件不好，父母在他年幼时就长期在外打工，任劳任怨的母亲深夜劳碌的身影、身残志坚的父亲不辞辛苦的奔波给他留下了深刻的印象。他想要通过自己的努力去改变这个家庭的现状，而校内的一次电子商务专题讲座让他看到了希望，于是原本就读于大数据技术与应用专业的他进入了学校举办的电子商务创业培训班进行为期三个月的脱产学习。

　　在电子商务创业培训班的三个多月学习里，他投入了百分之百的心血和热情。从最基础的选品、上链接、修图开始，每天早上伴随着晨晖踏入教室，晚上在月光的映衬下直播，和创业导师一起分析店铺流量、营销的技巧。特别是与创业导师通宵达旦讨论拼多多线上平台"双十一"活动、产品选品、引流活动等情况，在 2020 年的"双十一"当天实现了销售 2 768 单，纯利润达 15 736 元的业绩。培训结业后，徐长乐入驻我院大学生创新创业孵化基地，成立了阿乐晓丽（重庆）电子商务中心，带动就业 8 人，与多个厂家达成合作，实现营业创收。

电子商务创业人才培训班座谈会

## 二、人生沉浮，不惑之年再出发

刘洋，43 岁，黔江区中塘镇农民，脆红李种植户。13 岁离家谋生，一直在外闯荡，干过演出、做过音控、摆过地摊……他经常笑谈自己的经历可以写一部小说。年少的挥斥方遒过去之后，恰逢政府大力推广种植脆红李，他便决定扎根乡土、回归农业，一眨眼三年过去了，他的脆红李基地已初具规模，但一个新的问题摆在了他的面前，当地农产品市场上脆红李供过于求，优质的产品无法获得优质的价格。

在地方政府的推荐下，他参加了重庆经贸职业学院主办的电子商务创业培训班，他的初衷很简单："把电商学会，把路走下去。"作为电子商务创业班中年龄最长的一位学员，他学习的激情与努力的程度却不输任何一位青年学员。在创业导师的专业指导下，他熟练掌握了电商开店流程、运营推广等技巧。同时在拼多多、淘宝等平台开设多个店铺，仅"双十一"当天就成功销售 200 余单，自产的滞销农产品（辣椒）也售罄。现在他不仅帮自己卖还帮周围的农户卖，一举多得。他信心满满，2021 年他的脆红李一定能够全网大卖，让脆红李成为他的"致富果"！

　　徐长乐、刘洋的成功并不是个例，他们只是电子商务创业培训班学员中的普通一员。重庆经贸职业学院聚力"校政企"三方资源，协同培养电子商务创新创业人才。学院外联长三角、珠三角，组织了江浙和广东地区物美价廉的优质百货，内联本地企业搭建区域特色农副产品供应链，建立了"选品中心"，为大学生和社会青年电子商务创业提供了多样化的货源。同时，学院积极与政府、企业对接，争取各方力量的支持，建设仓储基地，搭建物流中心服务学生电子商务创业。

（执笔人：杨诚、张洪梅、钱潇）

# 12. 携手航天央企，"双体实训"
# 精准培育职场精英

重庆移通学院

重庆移通学院自全面实施"双体实训"创新人才培养模式以来，培养的学员大多入职腾讯、阿里、百度、小米、京东等各类大型知名企业，学员在企业展现出来的扎实技术实战能力与优秀的职场管理能力也得到了企业的高度认可。基于对学员人才培养质量的认可，中国航天科工集团第三研究院第三〇四研究所（以下简称"304 所"）与重庆移通学院开展了深入的沟通与合作，通过课程共建、师资共享、人才定向输送等方式，共同精准培育高水平信息化人才，目前项目已开展三年，成功定向输送学员 102 名。

## 一、创新模式，定向育人

2018 年，基于对前期已入职学生的充分认可，304 所与重庆移通学院深入沟

与 304 所合作开设定向培养班

通，正式签订校企合作协议展开深度合作，为在校学生搭建了一个高质量就业的全新平台。304 所在学校双体系卓越人才教育基地开设航天赛博提前录用定向培养班（以下简称"航天赛博班"），在现有双体实训模式的基础上，进一步强化教学力量，优化教育教学内容，升级项目实践难度，全面推动"双体实训"与 304 所需求的深度融合，同时设立"航天赛博综合奖学金"和"航天赛博竞赛奖学金"，激励入选学员奋发向上，用心学业。

## 二、校企联合，深度培养

航天赛博班在学校双体系卓越人才教育基地专设教学场地，每期招录学员 36 人，配备 2 名双体系实训专任教师及 3 名企业高级技术导师，以全校最低师生比，最为精细化的小班制教学对定向班按照"课程联合培养 + 企业项目实战 + 定向就业输送"模式进行培养。

课程联合培养由"双体实训"课程与企业定制课程共同组成课程包，针对企业实际需求，由具备丰富经验的技术教师、职场教师、驻校企业导师联合授课；企业项目实战将学员划分为项目组，基于赛博云 + 平台，直接参与涉密系统、管网系统等企业真实项目开发，企业导师现场全程指导，提前积累项目开发经验；定向就业输送与学员提前签订录用协议，培养结束通过考核后直接入职。

具备丰富实战经验的"双师型"教师指导项目实战

培养过程中，按照企业对人才规格要求的更新与变化，与企业驻校导师从实际需求出发，不断调整优化培养课程内容与教学模式，并形成定期考核机制。同时，安排就业于腾讯、阿里、京东、小米等知名企业的校友导师担任定向班学员的成长导师，对学员进行一对一学习指导，为航天赛博班学员提供全方位、个性化的专业辅导。

## 三、无缝衔接，逐梦航天

"双体实训"在与304所近三年的校企深度合作中，共同培养并输送三期定向班共计102名学员，占比所在企业总人数达9.1%，学员优异的表现也得到了企业认可与嘉奖。学员李阳在304所里担任软件测试工程师一职，负责软件代码审查、需求分析、用例设计等工作，其所在团队近期承担了国家"探月工程"的重要代码测试工作，在"探月工程"取得重大成功后，得到了中国科学院的表彰与嘉奖。学员孙岩现担任304所人力资源处助理员并兼任信息工程（软件）事业部人力资源主管，是304所人力资源部最年轻的骨干管理成员。学员陈翔宇在304所工作期间受到航天报国精神的积极影响，现入伍为中国人民解放军空军新疆某部飞行员。

航天赛博班全员结业，直接入职304所

304所人事处处长王健评价："重庆移通学院双体系与我院的深度合作是成功的。学子们在我单位表现优异，具有扎实的技术水平的同时快速适应职场环境，工作责任心强，工作效率高。"我们期待有更多优秀的移通学子在双体的平台上成长，在航天事业中绽放，为祖国、为社会贡献力量。

（执笔人：周伟、陈仲华、张炼）

# 13. "云"技术助力就业，确保就业局势总体稳定

重庆理工大学

重庆理工大学充分利用就业"云"技术，在强指导、优服务、广招聘、精帮扶等方面狠下功夫，创新构建了就业工作"云"体系，在战"疫"过程中，确保就业指导不断线、就业服务不打烊、就业招聘不停歇，实现毕业生足不出户充分就业，保持了就业局势稳定。

开拓多种就业信息渠道帮扶就业

## 一、开展"云"指导，构筑毕业生坚强思想后盾

孙白兰，女，重庆潼南人，重庆理工大学经济金融学院 2020 届金融学专业本科毕业生。该生为重庆籍建档立卡家庭学生，且身体残疾，现为重庆市潼南区西部计划志愿者。

该同学因家庭经济困难，有积极主动就业意愿，面对疫情可能带来"毕业即失业"的影响，产生了就业焦虑、盲目无助情绪。面对此情况，该生所在班级辅导员召开专题线上班会，分享自身大学求职感悟，解读当前稳就业政策，鼓励大家树立积极正确的就业观念。由于在求学过程中，曾获得多方帮助，该生一直希望毕业后能传递温暖，为社会积极贡献自己的微薄力量。在通过各类学校微信、官网等宣传平台以及学长现身说法获悉西部计划志愿者项目后，该同学坚定信心，努力报考大学生志愿服务西部计划项目。

该同学加入学校专门建立的西部计划 QQ 群，不但从群里获取详细的西部计划志愿者招考信息，而且接受群里专人解答报考疑问。辅导员、毕业论文指导老师一方面通过电话、微信、QQ 等方式加强指导，另一方面帮助该同学收集备考资料。2020 年 5 月，该同学积极参加学校组织的"2020 年西部计划线上见面宣讲会"，与各区县团委进行空中交流面试，最终顺利通过考核，如愿成为一名服务重庆潼南区的西部计划志愿者。

## 二、推动"云"交流，实现毕业生远程就业

吴松林，男，重庆万州人，重庆理工大学管理学院 2020 届市场营销专业本科毕业生。该生为重庆籍建档立卡家庭学生，现工作单位为中铁隆昌铁路器材有限公司。

该同学家庭经济困难，有积极主动就业意愿，但是突如其来的新冠肺炎疫情导致用人单位将宣讲、面试的形式调整为"云面试""云宣讲"等云招聘线上模式，该生面对新的求职形式茫然无助，焦虑烦躁，对求职一度失去信心。面对此情况，为了引导学生快速适应这一全新模式，提升其职业生涯规划和就业创业能力，管理学院快速适应并及时调整就业工作推进方案，邀请人力资源管理专业教

**管理学院毕业生求职指南**

师、劳动与社会保障专业教师、众多优秀校友和知名企业的 HR 为我院毕业生就业工作献言献策，整理并制作出《管理学院毕业生求职指南》，为学生提供详细而直观的就业指导。《管理学院毕业生求职指南》分为求职篇、渠道篇、权益篇和谏言篇四个篇章，包括网投简历的写作方法、线上求职方法及技巧、网络视频面试技巧、就业信息获取途径、"云面试"原理和应对技巧，以及个人权益维护、就业渠道拓展等多方面的内容。

《毕业生"云求职"指南》像及时雨一样，解答了该同学对于"云求职"的所有困惑。当获悉该同学正在准备中铁隆昌铁路器材有限公司的线上面试后，该生所在班级辅导员和该同学视频连线，指导该同学网络视频面试的技巧，梳理面试官的问题及应答技巧，视频面试设备调试技巧等。学院年级辅导员联系了从事 HR 工作的校友，针对该同学面试的岗位，专门进行了一次线上模拟面试。

因为有了充分的心理准备及线上面试准备，该同学于 2020 年 3 月最终顺利

学院安排专人进行专业指导

通过面试，如愿成为中铁隆昌铁路器材有限公司的一员。

## 三、召开"云"会议，持续开展创业指导帮扶

胡心雨，女，重庆市渝中区人，重庆理工大学应用技术学院 2021 届会计学专业本科毕业生，牧童游乡村旅游平台联合创始人。

2020 年，全国暴发新冠肺炎疫情，对旅游产业影响巨大，胡心雨所创的牧童游乡村旅游平台也遭遇重创，不少与其公司合作的企业都纷纷倒闭。面对这种困境，胡心雨和其团队主动寻求学院帮助，通过腾讯会议、云视频等方式将其情况和应用技术学院相关老师进行网络会议，将企业的困难同指导老师进行沟通，希望得到多方支持。

了解相关情况后，学院团总支积极采取应对措施，充分发挥线上优势，通过共青团网络云阵地对其公司进行包装宣传，让更多的大学生及青年朋友通过网络渠道认可他们的产品。一方面，学院安排专人对该生进行专业指导，引导其在危

机中寻找新机会，开拓思路。该同学在老师的帮助下，将虚拟成像的 VR 技术融入其旅游产品中，并通过网络云平台，投射给广大用户，让客户能够足不出户就能够选择物美价廉的乡村旅游产品。另一方面，学院协调多方资源，联系到校友给予其项目技术支持，引入先进的互联网云端的数据挖掘技术，该技术可以根据浏览客户的喜好，开发出优先推荐的计算机算法，进一步提升了引入客户流量转化率。

（执笔人：周娜、罗劲松、万小榆）

# 14．空中双选，就业战"疫"

重庆电子工程职业学院

2020 年 2 月 24 日，重庆电子工程职业学院 2020 届毕业生空中双选会正式开启。空中双选活动是学校自主研发就业管理平台进行空中双选模块迭代升级、全校师生及用人单位均可无缝对接的线上招聘活动，共同登上这架就业"云梯"，放眼未来、寻求发展。

用人单位招聘新用户注册界面

## 一、疫情下招聘难上加难，电子工程勇接大单

新冠肺炎疫情之初，各校基本关闭了线下招聘的大门；新的线上招聘产品也

不成熟或没有得到有效应用。北京国信安石科技有限责任公司是一家互联网垃圾信息过滤、净化服务提供商，主要解决企业 UGC 内容中，因涉黄、涉政、违法、诈骗等信息引发的内容安全问题；该公司年前在重庆落地新项目，主要服务新浪微博、小米、人民网、探探等产品，其招聘需求为 100 人，需要 15 天内完成招聘并投入项目培训与运营。按当时的情况，几乎不可能完成招聘任务，企业抱着试一试的心态联系了重庆电子工程职业学院就业工作人员，开启了疫情下重庆电子工程职业学院与北京国信安石科技有限责任公司空中招聘之缘。

　　"今年由于疫情影响，就业压力比较大，为确保毕业生就业质量，我们前期也做了很多'功课'。"招生就业处处长王文说。疫情发生后，招生就业处迅速反应、周密谋划、精心组织，主动对接招聘信息，调研疫情对企业人才计划的影响，认真研究线上校园招聘方案，确定了"空中双选会 + 空中宣讲会"相结合的校园招聘思路，并在开学前完成了空中双选模块的自主研发迭代升级，为用人单位和毕业生搭建便捷高效的网络招聘平台。当北京国信安石科技有限责任公司发出招聘需求后，学校一方面以学生为本促进就业，另一方面也是解企业燃眉之急，经过处内招聘工作人员初步研判与分析，迅速接下了国信安石的招聘大单。

就业管理平台示例图 1

## 二、疫情之下重研判，一单一策云招聘

就业研判：疫情之初，学校就对就业形势有初步的研判，很多企业停止招聘或暂缓招聘，是一个持续性问题，对 2020 届毕业生就业肯定有影响，因此务必做好就业服务工作，开展好空中双选活动。

单位审核：虽然疫情之下，无法与单位见面，学校仍然通过招聘资料、营业执照、项目运营场地等作了全方位的了解；对用人单位和招聘人员都进行了资格审查，保障招聘服务的质量和满意度。

一单一策：针对北京国信安石科技有限责任公司的招聘项目，项目有时间性要求，招聘非常急迫；优点是工作相对轻松，做的都是学生比较感兴趣的项目。我们制订了"以空中双选为桥梁，全覆盖宣传 + 匹配专业重点突破"的方案，并基于疫情明确了"先空中双选，入职时间待定"的政策。

指导服务：空中双选会这种形式是毕业生的求职"初体验"，为顺利架好就业"云梯"，招生就业处与各院系紧密联动，保证指导和动员工作细致到位，"一对一"沟通到每一个毕业生。

信息通畅：信息畅通是空中双选会的重要保障，就业部门加强了线上就业服务力度，并通过就业网、公众号、微信群累计向毕业生推送招聘信息。院系与毕业生和学生家长"云沟通"。

## 三、"隔空"面试，"云端"签约

2020 年 2 月 28 日，学校正式启动北京国信安石科技有限责任公司空中双选招聘，本次双选活动，企业招聘人员 3 人，学校招生就业处就业服务人员 2 人，参与招聘学生 143 人，企业可通过空中双选查看所有报名学生简历，学生通过就业管理平台空中双选可查看企业介绍与招聘条件，在此基础上进行云宣讲和视频邀约，"隔空"面试。本次招聘共录用学校学生 38 人。

此次线上招聘，用工单位反馈"很成功"，为学校空中双选线上招聘打赢了首场战役。北京国信安石科技有限责任公司 HR 表示："一共录用重庆电子工程职业学院 38 人，加上其他学校的面试人员，对项目在重庆落地充满信心。从效

**就业管理平台示例图 2**

果上来说，跟线下招聘差不多，从过程上来说，给企业省去了很多环节，也节省了招聘成本，非常适合当前疫情情况下的招聘。同时也请学校放心，公司非常重视疫情的防护，老板还专门高价采购了一批防护用品给公司员工；并且工作环境基本杜绝对外接触。"

学子们也为空中双选会打出了高分。"因为疫情的影响，很多同学一度为自己的前途感到担忧，没想到参加第一次空中双选会就解决了就业问题。""切实体会到了信息时代带给我们的便利，非常感谢学校和老师们的辛苦付出。在这个疫情严重、就业形势严峻的春天，这场'云端'的空中双选让未来充满希望。"

（执笔人：王文、李晓斌、黄连兵）

# 15. 发挥训练营势能，提升学生就业创业能力

四川外国语大学

为了提升学生就业创业能力，进一步促进四川外国语大学就业创业工作，结合近年来学校毕业生就业流向（行业、企业分布）及可行性分析，学校紧紧围绕市场需求，特开展了各级各类训练营，通过理论传授、实战演练、训赛结合的方式，为不同需求的学生提供定制化指导服务，提升了学生的职业适应性，增强了学生的就业核心竞争力和创业抗风险能力。

## 一、电商创业菁英训练营，助力电商创业人才培养

在"大众创业、万众创新"的政策号召下，学校积极开展双创教育和人才培养工作，坚持"创业 + 专业、产业、行业"以及"创业 + 精准扶贫"模式的深度融合，促进专业实践和创新创业综合体验相结合，提升大学生的实践能力和创业水平。结合互联网时代的电子商务趋势，2020 年 6 月学校与重庆市涪陵电子商务产业发展有限公司合作共建了以探百村为电子商务平台的创业菁英训练营，帮扶学校对口扶贫单位——万州区白杨镇大悟村销售农产品，为同学们提供电子商务创业实习实训平台。

训练营共计选拔 28 名学员参加，以"线上 + 线下""理论学习 + 平台实操"为主，涵盖 32 课时的电子商务创业理论学习和 16 课时的实操指导。在理论学习阶段，学员详细了解了农产品品牌运营、爆品打造、内容运营、用户运营、活动运营、产品运营等理论知识。在实训环节，学员一方面体验了如何进行产品设计、打造品牌形象和产品推广，另一方面将实训与公益相结合，在学习和熟悉

**电子商务创业菁英训练营**

线上交易模式与流程的同时，帮助贫困村进行农产品（万州青柠檬、茨竹沟葛根粉、龙潭大米、乌江榨菜）的营销推广，提升农产品的销售量，提高村民收入，助力国家脱贫攻坚任务。

本期训练营，不仅培养了一批具备创新创业实践能力的电子商务人才，也进一步完善了学校创新创业教育课程体系与实践平台，提升了学校双创教育质量，稳固了学校双创教育成果。

## 二、师能训练营，助力学生实现教师梦

为提升四川外国语大学有志于从事教育行业的毕业生的师能素质，增强其在教育单位应聘时的竞争力，2018年开始，学校招生就业处和重庆新东方教育培训学校有限公司联合举办师能训练营。培训师由重庆新东方教育培训学校有限公司选送。

训练营一年举办一期，每期开展6次培训，迄今共计举办3期，累计吸引近1 000名学生报名，最终遴选100名学生参加培训。训练营以"理论学习＋实践＋比赛＋实习或就业"为主，包括5次理论与实践结合教学，1次讲课比赛和到新东方实习或就业等内容。在学习阶段，学生重点学习和实践教学法设计、教学活动设计、课堂管理、教案撰写等内容。在比赛环节，重点检验学生将教学框架设计和教学技巧等理论用于实践的能力。表现优秀者将获得新东方实习

或就业直通卡。

**四川外国语大学第三届师能训练营**

师能训练营不仅提升了学生的教学理论与技巧，也缩小了学校毕业生与师范院校毕业生的差距，增强了学生的就业竞争力。通过训练营的培训，已有近 60 名学员成功实现人民教师梦。

## 三、多语言人力资源合伙人孵化营，提升学生人力资源职业技能

为充分发挥外语外贸人才在推动重庆创新经济建设中多语言服务的重要作用，2018 年开始，学校与嘉驰国际共同开设多语言人力资源合伙人孵化营。截至 2021 年，共计举办 4 期，累计 160 人参加。

**多语言人力资源合伙人孵化营**

孵化营通过"校内培训 + 企业实习 + 合伙人孵化"的模式，旨在最大程度帮助学员掌握从事国际人力资源相关工作的理论知识和实操经验。在校内培训环节，学员重点学习职位分析、简历筛选标准、面试技巧、沟通方法、各大名企面试风格、流程和技巧等内容。在企业实习环节，学员接受社会考验，和正式员工共同参与项目，全流程全方位操练人才寻访和面试，以"面试官"的角色真正融入到人力资源工作中，极大提升职业素养和实际工作能力。在合伙人孵化环节，学员将着手完成客户交付，开始独当一面。通过训练营的培训，已有近 50 名毕业生成功进入华为、中兴、腾讯等名企人力资源岗位就业。

学校探索的训练营模式，在市场需求快速变化背景下，为高校人才培养提供了很好的补充，充分弥补了人才培养滞后不能适应社会发展的短板。通过训练营，学校不仅帮助学生提升了职业创业能力，也找到了人才培养和专业课程设置方面的一些问题，反馈到教学环节。

（执笔人：张雪松、易琼、杨思）

# 16. 将电专的光明送往山区的角落

重庆电力高等专科学校

重庆电力高等专科学校积极响应国家扶贫帮困政策号召，一方面针对家庭困难的毕业生开展一对一的就业帮扶，实现"一人就业、全家脱贫"，另一方面利用自身的区位优势，鼓励优秀毕业生到西部基层岗位就业。2020届输电专业毕业生焦凯，品学兼优，在校期间多次获得三好学生、奖学金等荣誉。2020年7月，刚刚毕业的他，带着满腔热情，不忘初心，返乡就业，奔赴基层，加入云南电网红河弥勒供电局，负责运维抢修工作，用自己学到的专业知识回报家乡。

## 一、协同发力，全方位为困难学生提供生活保障

焦凯

焦凯出生于云南的一个贫困山区，入学前父亲不幸确诊了肺癌，姐姐和妹妹都是学生，还有两个更加年幼的弟弟需要照顾，全家的重担都压在了母亲一个人的肩上。好在有国家的补贴和贷款，他才能够继续自己的学业。刚入学时，辅导员卓老师获知他的家庭情况，不仅在生活中对他处处关心，还及时将情况反馈给学校相关部门。学校对此高度重视，立即对他开展精准帮扶，不仅多次为他减免学费并发放助学金、生活用品，还安排勤工助学岗解决他的生活费问题。

## 二、扶贫扶志，全过程为重点学生做好心理辅导

辅导员时常激励焦凯化压力为动力，不断提升自我的专业素养，投身祖国电力事业的发展。就业指导老师定期对他开展心理辅导和就业指导，向他介绍刻苦学习、专心训练的学长学姐，讲述了一代又一代电专人在平凡的岗位上发光发热的故事。榜样的力量是无穷的，这些故事深深地打动了焦凯，他下定决心要用所学的专业知识去服务社会，将光明和温暖送往千家万户。

## 三、重点推荐，多渠道为毕业学生提供就业服务

毕业之际，学校一方面向焦凯推送就业相关的政策信息，另一方面积极为他联络优质企业并进行重点推荐，最终他选择了回到家乡，扎根基层。他说："我要用在重庆电专学到的知识和技术服务家乡贫困地区的人民，更要将在重庆电专收获的温暖和真情传递给同样需要的人们。"虽然工作不到一年，但在工作中，他时刻牢记"厚德、强技、乐业"的校训，不断进取，用行动诠释敬业，将电专人的精神发扬光大，在平凡的工作岗位上发光发热，赢得了用户、同事、单位的一致认可。

焦凯

## 四、传递精神，多行业为当代社会输送优秀人才

像焦凯这样的优秀毕业生，并非个例，一代代电专人自愿在基层岗位上奉献自己的青春。窥一斑而知全貌，学校在人才培养的过程中，注重专业知识与职业素质相结合，培养出的毕业生因职业素养优良、专业技能过硬受到企业的普遍欢迎，一代又一代优秀的电专人扎根基层，奉献自己的青春。2011届输电专业的吴斌怀着对祖国的热爱奔赴边疆，加入国网新疆巴州供电公司，从一线基层员工干起，凭借着责任与拼搏，仅仅从业3年就成了公司中层干部和技术标兵；同样是

2011 届输电专业的黄小洪毕业后选择了条件艰苦的国网西藏电建公司，在平均海拔 4 500 米、气温零下 30 摄氏度的环境下，凭借青春热血和专业知识奋战在祖国电力建设的第一线；2012 届供电专业的黄焕强就职于福田供电局，作为配网资产部低压班班员，他曾在台风来临时 24 小时不间断值班值守，用自己的生命守护着整个福田区的万家灯火……

据统计，近年来学校建档立卡贫困学生就业率均为 100%，到西部地区就业的学生比率逐年提升，2020 年达 73.94%，其中川渝地区就业比例达 54.07%，主动到新疆、青海、西藏、云南、贵州等偏远地区就业的比例达 19.86%。重庆电专将继续致力于服务社会，鼓励学生扎根基层建功立业，用美妙的青春音符谱写壮丽的时代乐章。

（执笔人：杨婷婷、蒋黎妮、丁楷伦）

# 17. 政校企携手共建产业学院，
## 共促就业创业高质量发展

重庆工业职业技术学院

重庆工业职业技术学院坚持遵循"人才培养与行业发展链接、学科链与产业链对接"的发展理念，按照"校地协同、优势互补、资源共享、合作共赢"的原则，通过校企共建混合制产业学院、人才孵化基地等方式，致力缔结深度融合的产教融合生态型合作伙伴、命运共同体，从人才培养源头入手，通过专业升级、课程改革、实训优化等手段，提升学生就业创新能力，推进供给侧结构性改革，推动学校就业创业高质量内涵式发展。2020年，学校与渝北区人民政府、仙桃数据谷公司共建实体性的重庆仙桃谷软件学院，紧密对接新经济形态，根据新职业新技术要求，开设大数据应用技术、软件技术、云计算应用技术等10个专业。

重庆仙桃谷软件学院揭牌仪式

## 一、开展人工智能训练师新职业培训，推进供给侧结构性改革，促进精准就业

为促进建设知识型、技能型、创新型的劳动者大军，服务地方经济发展，受渝北区人力资源和社会保障局委托，学校开展了全市首批人工智能训练师职业培训班，牵头制订了人工智能训练师新职业培训标准及考核标准，录制人工智能训练师在线开发课程 3 门，培训新生劳动者、失业下岗人员和创业者人数达 63 人，4 期共培训 192 人，帮助求职者有效提高了就业能力。培训期间，多家智能科技企业给予持续关注，培训结束学员即刻与企业达成人工智能岗位就业意向，实现精准就业。人工智能训练师新职业培训的开展，是学校紧密对接产业需求，积极推进人才供给侧结构性改革的重要实践探索，为推动毕业生精准就业提供了有效示范。

重庆工业职业技术学院开展全市首批人工智能训练师职业培训班

## 二、依托"鲲鹏高校人才计划"，提高学生综合素质，促进充分就业

华为技术有限公司作为重庆仙桃谷软件学院合作企业之一，依托"鲲鹏高校人才计划"，与学校共同开发鲲鹏课程，搭建鲲鹏实验平台。在疫情期间，通过线上远程授课方式，对学院 221 名学生进行了"鲲鹏应用开发者认证""GaussDB数据库认证""智能计算认证""人工智能认证" 4 类华为认证培训，认证通过率超过 65%，在重庆市高职院校中排名第一，提升了学生就业能力和人才培养质

量。通过培训，200 多名毕业生参加重庆市高校毕业生信息通信技术人才招聘暨 2020 年华为 ICT 人才联盟双选会，有 50% 以上毕业生达成了就业意向，双选会 70 余家企业提供了近 1 000 个信息与通信技术专业相关的岗位，平均月薪 5 000 元以上，最高月薪达 20 000 元。

## 三、实施产教融合协同育人，提升就业核心竞争力，促进高质量就业

依托仙桃谷软件学院优势，与中软国际、软通动力、新致软件、盈环科技、字节跳动、微软加速器、51 社保、达瓦未来（重庆）影像科技有限公司等 8 家企业开展协同育人项目。学院专业紧密对接渝北区千亿级产业集群，结合新一代信息技术岗位要求更新专业培养目标，聘请行业企业专家，建设"产教共融型"专业核心师资团队，8 名企业专家担任教学指导委员会专家，12 名企业工程师担任核心课程教师，与企业共同修订课程标准 8 门，企业人才标准直接对应专业培养标准，为学生就业打下坚实基础。同时学校还与腾讯云、中软国际、软通动力等公司开展校外创新创业实训基地建设，以软件技术专业为依托，建设大数据、云计算、网络、信安专业集群，覆盖"云联数算用"全要素群，搭建全链条产学研创平台，提升学生技术能力和创新能力。平台为学生提供实习实训岗位 1 022 个，项目 32 个，联合申报专利 12 个，大大提升了学生专业对口率及就业质量。

"现代学徒制"学生赴达瓦公司实训

（执笔人：王璐烽）

# 18. 顺势而为，打造产学研合作新模式

重庆公共运输职业学院

产学研合作，促进应用技术型人才培养，是高等职业教育的重要环节。产业扶贫、教育扶贫、学徒制改革等，为我校产学研合作提供了新的思路。

## 一、"政企校"多方合作，构建校企合作就业扶贫体系

为全面贯彻落实中共中央、国务院《关于打赢脱贫攻坚战的决定》以及中共重庆市委、重庆市人民政府《关于精准扶贫精准脱贫的实施意见》，学校在与中国铁路成都局集团有限公司（以下简称"成都局"）深化校企合作的基础上，在市委、市政府指导下共同开展"铁路就业脱贫"项目。2019年，学校被市政府确立为重庆市唯一一所实施"铁路就业脱贫"项目的高职院校。

2019 级贫困家庭学生定向培养招聘会

《"铁路就业脱贫"方案》确立，根据未来几年铁路新线运营的人力资源需要（约 1 000 人），按照"属地招录、定向培养、新老结合"的原则，由当地政府协助选拔推荐学生，定点学校培养专业知识，积极为重庆市贫困偏远地区学生创造更好的学习环境和更多的就业机会。为达成此项工作成果，学校进一步明确在新生招录、扶贫资助、招聘面试等方面的工作要求和措施。自 2019 年起，学校两年共招录铁路脱贫贫困家庭学生 583 人并实施订单培养，培养包括铁路工程、铁路运输、铁道供电、通信信号等专业的新型技术技能人才，努力实现学生订单培养到企业零距离就业的无缝对接，实现"一人就业，全家脱贫"的教育扶贫目标。学校按照教育部、市委、市政府相关文件要求，成立工作领导小组、贫困认定小组，全面领导、监督执行、公平公正展开铁路就业脱贫资格审查和贫困认定等工作。目前，针对 2019 级铁路脱贫学生已成立订单班，校企共同实施订单培养。2022 年，第一批铁路脱贫毕业生将入职中国国家铁路集团工作，为勉励更多贫困生励志求学，积极投身铁道事业，带动全家脱贫提供有力参照。

## 二、"行企校"合作育人，促进人才供需有效衔接

学校遵循现代职业教育教学规律，持续深化产教融合、校企合作，大力推进现代学徒制人才培养和实习实训双基地建设，推行实习、就业一体化制度，打造人才培养供需紧扣交通运输行业企业的办学特色。目前学校在深耕与交通运输行

订单班开班仪式

**校企合作签约仪式**

业产业链相关企业的校企合作发展中，仅校级就业部门就与优质交通运输行业企业达成校企框架协议 59 个，即使在疫情期间仍对校企合作较好的 150 余家用人单位进行电话回访，了解其用人需求、就业质量反馈等信息，积极在订单培养、就业推荐、基地共建等方面开展合作。

一是在 2020 年，学校与深度校企合作企业开设主办了重庆轨道集团公司、成都局、贵阳轨道集团公司、中铁二十二局、惠工集团公司等订单班共计 5 期，培养输送了 1 013 名毕业生订单式就业，占已就业毕业生总数的 38.49%。二是疫情期间，学校为 2020 届毕业生推荐就业岗位共计 55 000 余个，岗生比超过 20∶1。其中，仅重庆轨道集团公司、成都局、贵阳轨道集团运营公司等 10 家交通运输行业的大型国有校企合作单位就录用学校 1 200 余名毕业生，最大限度地保障了学校就业稳定和毕业生更高质量就业。三是校企共建人才培养基地，全力推进校企合作培训项目培训，加强校企师资互培、人才培养改革，为促进毕业生优质就业提供坚实保障。根据疫情防控要求，先后引进、完成 2020 年上半年铁路提职司机资格考试考前培训项目、重庆客运段服务技能培训项目等 5 个与学校毕业生专业相关的培训项目，培训人数 418 人，其中上半年国考培训通过率达 97.84%，居成都局指定的三所培训学校之首。

（执笔人：刘畅、陈香、王曾）

# 19．凝心聚力，把国防教育落到实处

重庆第二师范学院

2020 年重庆第二师范学院应征入伍学生达 43 人，超额完成了目标任务，其中应届毕业生 26 人，占比超过 60%，为大学生就业开辟了新渠道。围绕征兵工作，学校着眼铸魂育人，拓宽渠道，创新开展以下几项国防教育、宣传发动典型工作。

## 一、利用好人民武装部规范化建设成果

2019 年起，学校自觉加强基层人民武装建设，主动申报人民武装部规范化建设工作。作为唯一高校试点单位，学校高度重视，以建促改、规范提高，着力在健全工作机制、完善规章制度、夯实基础设施、推进工作落实上下功夫，严格按照"三室一库"的规范化建设要求，结合大学生国防教育长廊建设，融合提升军

征兵宣传进高校启动仪式

旅文化。当年 5 月，市警备区政委刘伟少将、副司令员南小冈少将、副政委程洪少将一行到学校视察，对建设工作予以了肯定；市警备区机关、全市各区县人民武装部 100 余人分两批次对学校人民武装部规范化建设情况进行了现场观摩。

利用规范化建设成果，不断强化"基层小武装，国防大作为"的理念，共接待师生 9 000 余人次开展国防教育，接待市外上级武装单位多次，全市各地方、高校人民武装部也陆续前来观摩交流。近两年，学校大学生报名应征数相比往年大幅提升。2021 年，学校获评重庆市基层人民武装部达标建设标杆示范单位。

## 二、开展"红岩雏鹰"军迷培训班

每年一主题定期开展"红岩雏鹰"军迷培训班。设置身高、体重、视力等基本条件，主要面向热爱和向往军营的高年级学生招生。培训时间为期 1 月，课程设有资深专家做专题报告、退伍大学生士兵进行军旅生涯分享、组织参观人民武装部规范化建设成果，前往部队进行军事日体验等。课程完成后还将组织测试，通过测试方为合格；为鼓励先进，根据出勤、课堂表现和结业考试在培训班中评选出 10% 的优秀学员予以表彰。学校还将培训班纳入学生人才培养计划，考核合格者获综合素质学分 0.5 分。

培训班自 2019 年开办以来，每年报名学生 600 余人，实际精心遴选约 300 人。在每年报名参军的学生中，60% 以上的人员参加过"红岩雏鹰"军迷培训班，该班进一步强化了学生参军入伍的理想信念。

"红岩雏鹰"军事培训班

## 三、积极组织参与军事类活动

2019 年，学校 4 名学生前往火箭军工程大学参加由教育部、中央军委国防动员部联合举办的第六届全国学生军事训练营。在前期通过自愿报名、人民武装部择优审核确定的程序推选出 6 名同学参加最初选拔。出发前，人民武装部副部长李伦进行动员，鼓励同学们珍惜机会、刻苦训练、争创佳绩；训练中，部长成平广及多名干事多次前往训练基地进行慰问，关心同学们的学习状况；人民武装部干事冉艳凤驻守阵地，及时帮助同学们调整思想上的波动，做好后勤工作，使其全身心投入训练。

根据市教委统筹部署，最终遴选出冯江成、田德志、李田田、朱蒙 4 名同学与其他学校学生组成重庆市代表队赴西安参加活动，重庆市代表队最终获得 3 项全国一等奖、总成绩全国第三名的好成绩。活动结束后，学校 6 名同学全部报名参军，其中冯江成、田德志、李田田最终顺利入伍，并在很短的时间内适应了军营生活。

征兵宣传活动

## 四、设立退伍军人协会

经过前期宣传、培养后入伍的学生，在退伍后被吸纳进学校退伍军人协会，着军装参与升旗仪式、毕业生双选会、学生返校等大型活动，再次辐射周围学生参军。

目前，协会共有成员 70 余名，近两年共参与活动 40 余次，辐射学生上万人次。

典型人物徐俊超同学，学校教师教育学院退伍士兵。该同学于 2016 年在学校专科学习毕业后光荣入伍，2018 年退伍后继续回到学校进行本科学习。退伍后，徐同学活跃在学校各大活动现场，比如他作为标兵参与学校庆祝中华人民共和国成立 70 周年活动，笔挺的身躯引来无数师生钦佩的目光，在全校师生面前展示了军人的形象，发挥"行走的宣传片"作用；去年新冠肺炎疫情肆虐，徐同学积极组织学校退伍军人加入志愿者队伍，无数次为同学搬运行李、测量体温等。后来入伍的学生中，有多人提到了这位徐同学，称赞其为"退伍不褪色的校园第一男神"。

（执笔人：冉艳凤）

# 20. 青春铸边防

重庆人文科技学院

柳窝惹，男，彝族，四川省凉山彝族自治州人，2018年就读于重庆人文科技学院音乐专业。2019年，他保留学籍，踏入了军营，成了一名光荣的边防战士。

## 一、坚定志向，努力准备

谈起为何参军，柳窝惹说："参军报国是我儿时的梦想，也是父亲的一个心愿。"2019年3月，恰逢学校"征兵宣传月"活动，老师详细的讲解，更加激发了柳窝惹的参军热情，坚定了他参军报国的想法。为了圆自己的当兵梦，他坚持每天锻炼，调整生活作息，提前调整自己身心状态，为的就是在入伍体检时能够顺利通过。通过半年的努力，经过层层选拔，柳窝惹最终在2019年9月拿到了入伍通知书，穿上了梦寐以求的军装，圆了自己的军旅梦。

柳窝惹立功受奖留影

## 二、坚强意志，完成新训

作为一名艺术类大学生，体能是他的短板，每次体能测试的成绩始终不理想。在新兵连时，"当兵是要扛枪上战场的"，这是班长时常挂在嘴边的话。为了让体能达标，柳窝惹不断地给自己"加练",每一个科目都比别人多花一倍的时间来练习。无论是武装越野还是步枪射击,他始终坚持每天比别人多跑一千米,比别人多练一小时,总是以最高的标准要求自己,"只有我们身体素质过硬,才能守护好身后的万家灯火"是他一直激励自己的话。

刚到南部战区某边防旅新兵训练基地,对家乡的思念,每天单调且高强度的训练,再加上退伍后还能否适应学业等问题始终困扰着他,一度让他觉得无所适从和身心疲惫。下连队前夕,学校领导来到部队看望并慰问新兵,在老师的沟通帮助下,他放下了思想包袱,迎难而上,苦练基本功,最后以优异成绩通过新兵训练。

## 三、克服困难,守护边疆

新兵连后,柳窝惹来到云南某边防旅,连队地处中越边境。作为一名边防军人,每一次边防巡逻都是一场实战,炎热潮湿的热带雨林里蚊虫密集、毒物众多,但艰苦的环境并没有让他退缩。"每次巡逻,当伫立在边境线上的那颗界桩出现在我面前时,鲜红的'中国'二字,神圣而耀眼让人着迷。我们总会下意识地挺起胸膛,所有的疲倦与劳累好像在此刻都烟消云散。我很幸运,我的青春绽放在祖国最需要的地方。边防军人,眼前是界桩,身后是祖国,这样的迷彩青春,真的很美!"柳窝惹和所有边防军人一样,默默无闻,与寂寞做伴,用最美的青春铸就了最坚固的边防线。

柳窝惹入伍至今快两年,从碌碌无为到有所作为,从脾气暴躁到成熟稳重,他始终秉持初心,坚定信念,在大小任务中表现突出,入伍1年多,被嘉奖1次,获"四有"优秀士兵荣誉称号1次。柳窝惹尽管满身伤病,但他从不后悔参军,因为这是他一枚又一枚的"军功章"。他说:"很荣幸能守护在

柳窝惹与界碑合影

中国的南大门，每当手握钢枪在边防线上巡逻的时候，看到身后的万家灯火，我开始真正认识到了当兵的意义。军人的生活就像我们彝族的酒，初饮时味苦且辣，随着时间的积蕴，会慢慢品出它的醇香与甘洌。"

柳窝惹希望能够在边境线上书写自己对祖国的忠诚大爱，希望在卫国戍边的大舞台上实现自己的人生价值，用生命丈量热带雨林，用忠诚守护万家团圆，同时也鼓励更多的优秀大学生能穿上戎装，保家卫国。

新兵欢送仪式

（执笔人：蔡雨益）

# 21. 苦练基本功，做年轻一代的和平守护者

重庆机电职业技术大学

重庆机电职业技术大学是全国首批职业本科试点院校之一，以高度的政治责任感落实党中央、国务院"保就业""稳就业"的决策部署，践行高等职业教育改革发展战略，立足为社会培养高技能应用型人才，以生为本，突出办学特色，大力发展校企合作，产教融合，军校合作，军民融合。2020届毕业生就业去向落实率为98.51%，就业大局连年稳定。

2014年以来，重庆机电职业技术大学已培养定向士官近1 800人，其中不乏优秀者，陈远洋便是佼佼者之一。

陈远洋

## 一、学校教育，培养正确的理想信念

陈远洋出生在一个军人家庭，从小便受到家庭教育的熏陶，立志要成为一名

军人。2015 年，他考入重庆机电职业技
术大学，成为一名火箭军士官生。

入学后，陈远洋继续保持艰苦朴素、
敢于担当的作风，乐于奉献，助人为乐。
但是老师们还是发现了他在自我要求上
的松懈，也许是认为自己的从军之路已
大功告成，也许是认为自己在同学中出
类拔萃，思想上的骄傲自满，很快在行
动上体现出来。大一时，学校组建了国
旗班，凭借优秀的身体素质，陈远洋被
连队推荐成为国旗班的一员。国旗班的
训练更加严格艰苦，自然也是一份荣耀。

陈远洋

按照陈远洋的自身条件和优秀士官生的标准，国旗班训练第一次考核后，陈远洋
的训练成绩并不理想，老师们深表遗憾，他本人也陷入了深深的自责与懊悔中。
为了帮助陈远洋重树信心，发挥优势，学校士官生学院张院长亲自指导，牢牢把
握"思想育人"这条主线，开展思想政治教育，进一步帮助陈远洋坚定从军报国
信念。作为一名拥有坚定革命信仰的士官，更应该具备扎实的军事本领基本功和
一流的技术能力，这才是保家卫国军事人才政治合格的保证。学院院长的谈心谈
话，营长的关怀鼓励，国旗班的刻苦训练，陈远洋终于在第二次国旗班的考核
中，训练成绩位列第一，队列动作十分标准。

## 二、部队磨炼，塑造坚定的军人信仰

陈远洋与一般的"90 后"没有什么不同，喜欢打球、游泳、跑步，是一个非
常阳光的大男孩，真说有什么不同，也许就是在军营中的一番历练，这让他在日
后的从军经历中也一直保持初心不忘。"当兵三年，后悔三年。而不当兵，却要
后悔一辈子。"军人常会说，在直线加方块的军营中，他们有时也感到烦躁，但
他们热爱这方净土，是它磨炼了军人的意志，铸就了他们敢于向困难和磨难挑
战、敢于奉献的精神。一个人的青春是短暂的，短暂的青春并不可怕，可怕的是

陈远洋

有限的青春在碌碌无为中暗淡、凋萎。

入伍后的陈远洋，因为在校期间打下了良好的基础，很荣幸被挑选为国旗班队员，同时作为中华人民共和国成立 70 周年大阅兵方阵中的一员参与训练，成为阅兵方阵备选人。俗话说"台上一分钟，台下十年功"，在整齐划一的步伐背后，是每一位军人付出的汗水，他们没日没夜地训练，无论是晴天还是下雨，他们都义无反顾。22 岁的陈远洋在阅兵方阵中是年龄偏小的，为了跟上大家的进度，他会在大家休息时继续练习。为了达到训练要求，他克服重重困难，忍受日日重复练习的枯燥，每每坚持不下去的时候，他就会想起在校时期那段在国旗班的日子。"高点，再高点……""坚持就是胜利……"国旗班班长的口号回响在耳边，踢正步的脚步声清脆响亮，图书馆广场上空亲手升起的五星红旗，每一次都令人心潮澎湃。"如今我要去天安门成为保家卫国，守护和平的一员，用自己的实际行动和学校教会我的技术本领，让党和人民放心，我们是年轻的一代和平守护者。"就是这样朴实无华而又坚定的信念，铸成了陈远洋超强的意志力。日复一日的坚持，天安门受阅的这一天终于到了，陈远洋从备选人成为正式确定的方阵队员，即将接受习近平总书记和人民的检阅。

## 三、战场检阅，体现卓越的军人品质

2019 年 10 月 1 日，是庆祝中华人民共和国成立 70 周年盛大阅兵的日子，在这个重要的节日里，2018 年入伍的陈远洋在火箭军徒步方阵，接受了习近平总书记和人民的检阅，这不仅是他人生中最荣耀的时刻，也是学校军事人才培养成效最骄傲的时刻。各个方队步伐一致，均匀、刚劲、有力，每一个动作都精准到误差只有几厘米，这千万个人如同一个人一样，个个神情庄严，意气风发，斗志昂扬。在火箭队徒步方队第 1 排第 9 位的陈远洋，从他坚定的眼神，我们可以看到

**陈远洋在火箭军徒步方阵**

军人的彪悍和血性，看到对旗帜的尊崇和热爱。

天安门东西华表间相距 96 米，通过这一"礼仪区"，方阵中每一位成员的踢腿高度要求在 30 厘米，步幅间的距离要求在 75 厘米，一共是 128 个正步，一步不能差。摆头的位置，人人都是 45 度，步速定时，每分钟 112 步。劈枪定位，要分毫不差。这是要求，也是命令。这 128 个正步不是一朝一夕之功，是陈远洋步步积累，坚定无悔的奉献。现在每逢大学生征兵季，陈远洋都是学校的政策宣传员，不仅能辅助老师开展征兵动员工作，更能深入同学之中，现身说法，分享自己的学习训练感悟，帮助学校提高了征兵工作的有效性和针对性。每逢国旗班有任务，士官生学院有军事训练任务等义务工作时，无论寒暑假，陈远洋都主动请缨，积极承担，不畏艰苦，表现优异。为了提升军事素养，他任劳任怨；为了提高技术技能，他废寝忘食。如此坚持，相信他必不负学校和祖国的培养。

在"忠"与"孝"的艰难抉择中，以陈远洋为代表的军人选择了前者。在被商品经济大潮疯狂冲击的今天，他们选择了奉献。如今，军队需要科技装备武装到牙齿，高科技装备更需要高技能军事人才讲纪律，懂专业，这才能适应新时代下国家对军事力量的要求。

（执笔人：王娟、马文玮、高健）

# 22. 军营锤炼，谱写人生新篇章

重庆三峡医药高等专科学校

军队是个大熔炉，重庆三峡医药高等专科学校高度重视大学生入伍工作，涌现出一大批大学生战士典型事迹。

## 一、携笔从戎，在军队实现人生价值

李盛建，男，重庆三峡医药高等专科学校 2017 级护理 13 班学生。他在校期间表现突出，曾任护理学院学生会体育部部长，并获得暑期"三下乡"先进个人等多项荣誉。

李盛建

（一）积极准备，投身兵营

李盛建从小就有一个绿色军营梦，梦想穿上军装保家卫国。入校第一年，他就积极响应国家号召征兵入伍，但是因为体重未能通过体检，在他失望的时候，学校国防教育协会及时吸纳了他，并将李盛建纳入学校预备兵员连开展日常训练和培训。学校国防教育协会由退伍复学大学生组成，针对意向入伍在校生提供常态化国防教育和基础体能训练，通过预备兵员连持续为学校征兵提供高质量的预备兵员。通过一年的预备兵员连训练，李盛建凭借优秀的身体素质和过硬的思想政治素养一次性通过了体检和政审，实现了绿色军营梦。

### （二）吃苦耐劳，屡获嘉奖

入伍之初，得益于在校期间的严格管理和训练，他很快适应了部队生活，并在学校国防协会班长、家人和部队的鼓励下，在新兵下连中主动申请去西藏条件最艰苦的部队服役。在高海拔的高原驻地，严寒和高原辐射反而激发了他昂扬的斗志。他不断加大体能训练的强度，用更严格的标准要求和锻炼自己，最终在战术比赛中获得了全连第一的优异成绩。2020年3月，他被评为"优秀新兵"；12月，被评为"四有优秀士兵"。

李盛建获奖证书

部队是青年学生成长成才的大学校，李盛建同学的成长过程正是大学生携笔从戎，在部队中砥砺品格、增强意志的好榜样。

## 二、退伍返校谱新篇，国防教育身先行

蒋利，女，汉族，中共党员。2012年9月进入重庆三峡医药高等专科学校医学技术学院学习口腔医学技术专业。在校期间曾获得"三峡医专军训标兵"等荣誉。2012年12月，蒋利响应国家号召参军入伍，服役于陆军第54集团军某部

蒋利 1

队，后部队调整改革，移防至陆军第 81 集团军。5 年的部队生涯中，她政治立场坚定、素质过硬、作风严谨，荣立三等功一次，多次获得通报嘉奖。2017 年 12 月，蒋利退出现役、返校继续学业。

（一）不爱红装爱武装，千锤百炼立战功

作为当年万州区唯一一名入伍的高校女大学生，蒋利以新兵连第一名的成绩通过 3 个月的新兵训练，成为陆军第 81 集团军河北某部的通信女兵。在部队中，蒋利同学不忘初心，砥砺前行，不断加强学习和锻炼。服役期间，仅用 5 个月时间就完成了执勤话务台上万个号码记诵，以优异成绩转任话务员岗。因作风过硬，业务工作出色，先后担任班长等岗位，并获得部队多次通报嘉奖。2016 年所在部队参加西藏"136 战役战术集训"期间，蒋利负责电视电话系统的使用与保障，克服高原不利条件，圆满完成演练任务，荣获部队三等功一次。

（二）退伍返校谱新篇，国防教育身先行

蒋利退伍返校后，除加强学习外，积极响应学校号召，主动牵头负责承建学校国防教育协会并担任会长。学校国防教育协会以在校退伍军人为骨干，接受学校征兵工作站管理，以退伍军人为榜样，充分发挥典型作用，在校广泛开展大学生国防教育和入伍宣传，并对预征学弟学妹进行一对一入伍指导。在蒋利的牵头推动下，协会在学校相关部门的指导下积极开展宣传教育活动，为推进学校大学生应征入伍工作做出了应有贡献；协会成立当年学校应征报名 121 人，实际入伍 22 名，其中女兵 2 人，总额同比增加 1 倍。

蒋利 2

### （三）挑战自我不断创新，创业实践树标兵

蒋利不仅热心参与学校的国防教育，同时响应国家激励大学生创新创业的号召，利用业余时间，组建团队参与大学生创业竞赛，担任领队的"智能自助终端设备运营项目"，在 2018 年重庆市大学生"挑战杯"创新创业竞赛中荣获校级三等奖。2019 年，"智能自助终端设备运营项目"在学校大学生创业基地落地，并初步在学校图书馆、教学楼、宿舍区等区域投放自助一体化办公设备，其便利性得到了全校师生的喜爱和认可。

（执笔人：王国栋、宋攀、易铭）

# 23. 军魂犹在报国志，力学笃行重电人

重庆电子工程职业学院

黄悦朗，男，21岁，汉族，预备党员，广东清远人，重庆电子工程职业学院建筑与材料学院工程造价1907班学生。他于2017年参军入伍，服役于中国人民解放军72319部队，在部队期间因执行演习训练任务英勇负伤，后因伤评定为"十级"伤残，2019年获得"献身国防铜质纪念章"；他参加过精武强能2018比武，参加过2019跨越朱日和联合军演，在2019年评为"优秀义务兵"，获得嘉奖。

黄悦朗1

黄悦朗于2019年10月退役复学。自退役复学以来，他秉承部队优良作风，刻苦学习，团结同学，受到老师和同学及领导的认可；他担任学校迷彩青年工作站站长，保持军人本色，身残志坚，作风扎实，积极影响身边同学投身军营。

## 一、思想觉悟高，政治素质过硬

黄悦朗政治意识强，思想觉悟高。在部队期间政治教育学习优秀，每次在单位的政治考试中都位列前茅。他紧跟习近平总书记号召，对党忠诚，作风过硬，全心全意为人民服务。2017年，他向党组织递交了入党申请书，2018年确立为入党积极分子，2019年成为一名光荣的中共预备党员。他坚守入党初心，时刻以党章严格要求自己，在校期间踊跃参加党团活动，积极主动配合老师和党支部工

作，热心帮助同学，全心全意为人民服务。他在 2019 年马克思主义学院组织的"回望历史足迹，牢记时代使命"思想政治理论课实践活动微视频比赛中荣获校级二等奖，他参加学校第十二期"青马工程"培训并被评选表彰为"优秀学员"。

## 二、积极行动，发挥表率作用

黄悦朗不忘军人本色，复学后加入了学校迷彩青年工作站，现在担任站长职务。他一直保持高度的自律性，有很强的执行能力，具有军人的硬作风，多次参加征兵入伍宣讲活动，积极发挥自己的作用，协助学校武装部开展大学生应征入伍宣传工作，所在部门被评为重庆市"优秀征兵单位"。他担任了重庆电子工程职业学院 2020 级数字媒体学院 58 连的新生军训教官，所在连队获得"优秀连队"表彰。2020 年，他获得"优秀退役学生干部"荣誉表彰。

**黄悦朗 2**

黄悦朗作为一名学生干部，充分发挥带头作用，积极参加学校各类比赛和志愿服务活动。2019 年，在学校运动会开幕式上，所在学院获得团体第三的名次；获得学校"安全文明月"微课比赛第三名。2020 年获得全市大学生"中华魂"主题教育活动（征文）比赛二等奖。2021 年获得"重庆市第十一届大学生心理成长论坛"心理微课比赛三等奖。2021 年获得校级"中华魂"征文比赛三等奖，疫情期间，他代表学校参加了"重庆市巴渝工匠杯测量比赛"，他参加了校园"疫情防控巡查巡逻"服务，积极贡献力量维护校园安全；在校期间还参加了"专升本"安检工作、大学生"就业创业先进典型"视频拍摄、"关爱困难参战老兵"送春联、卫生清洁大扫除等志愿服务活动，努力为学校师生和困难群众服务好。

## 三、加强学习，成绩优异

黄悦朗在认真做好各项学生工作的同时，从来不曾放松过自己的学习，从不忘记学生的使命是学习。他在课堂上认真听讲，积极回答问题，保质保量完成课后作业，积极参与实践实训，努力提高自己的专业能力和实践能力，他以平均绩点 4.02、综合成绩 94.4 的优异成绩排名年级第二。2020 年，他获得国家励志奖学金、校级"三好学生""三好学生标兵"，2021 年获得校级"优秀共青团员"、

**黄悦朗 3**

市级"三好学生"称号。他积极带领寝室室友共同进步，2021 年在重庆电子工程职业学院第十四届寝室文化艺术节之红"舍"展示 Vlog 挑战赛中获得一等奖，在重庆电子工程职业学院第十四届寝室文化艺术节之寝室形象设计大赛中获得一等奖，所在寝室被评为市级"文明寝室"，并多次获得校级"星级文明寝室"称号。

（执笔人：王文、田艾、黄连兵）

# 24. 扎根基层奋斗，奉献无悔青春

重庆城市管理职业学院

黄胜焘，男，汉族，1999 年 3 月出生，中共党员，重庆城市管理职业学院 2020 届毕业生，曾任校学生会副主席、2017 级社区专业第一团支部书记，现为重庆市九龙坡区西部计划志愿者（派往重庆高新区，服务于重庆高新区金凤园区，负责党建、团建和志愿服务工作）、重庆仁爱社会工作服务中心团支部书记。

他细心谋事，悉心干事，先后荣获第五届中国青年志愿服务项目大赛金奖、全国大中专志愿者暑期"三下乡"社会实践活动"匠心传播好作品"和"优秀实践者"、全国青少年模拟政协提案征集活动"最佳模拟政协提案"、重庆市"规划实施我建言·青年发展迈向前"主题系列活动调研报告组别二等奖等荣誉表彰 30 余项，用真情谱写了一名西部计划志愿者"扎根基层、奉献青春"的时代篇章，赢得了金凤园区企业、企业职工和公司同事、领导的高度赞扬。

黄胜焘在园区非公党建交流会上作交流发言

## 一、团结协作，积极建班风，共同提升职业素养

在日常教育教学中，学校一直注重对学生就业意识、就业技巧、团队协作等综合素养的培训。尤其是对特殊困难群体学生，利用学校各级资源，设置校内勤

工助学岗，进行勤工助学助理专题培训。黄胜焘作为一名家庭经济困难学生，得到学校细致的关怀，带领班级团支部先后荣获"全国高校活力团支部""重庆市活力团支部"和学校"五四红旗团支部"等荣誉称号。他带领班级同学主动认真学习领会贯彻"两会"精神，努力提高自身修养，勇于担当使命。疫情期间，他第一时间向家庭所在地社区党委递交"请战书"并号召班级同学积极投身防控一线，并向学校发出《我们，一切平安》的回信，组织开展"众志成城同抗疫，线上接力明天会更好"活动，为打赢疫情防控阻击战贡献青春力量，获得了学校领导和老师的赞扬。

## 二、身体力行，热心抓创建，青年之家再添活力

金凤园区是典型的产业园区，为了加强园区团建工作，黄胜焘立足园区实际，将党建中的职工服务、党员发展、精神文明创建纳入园区团建工作内容，积极争取园区非公党总支和公司党委的支持，大力实施"党建带团建"，全力创建金凤园区"青年之家"。

利用"青年之家"服务平台，先后组织开展"时代女性、风采飞扬""有爱高新区、志愿科学城""强基固本、立根铸魂"等活动 70 余场次，服务青年工人 13 591 人次，园区团建活力四射，团组织影响俱增，15 名团员青年通过"推优"成为党员发展对象。

黄胜焘在青少年之家开展志愿服务

## 三、融合创新，细心做项目，志愿服务助推发展

"青年在哪里，团组织就建在哪里；青年有什么需求，团组织就要开展有针对性的工作。"青年职工的服务需求，就是黄胜燊实现个人就业后的努力方向。

他倾注自己的时间和精力走访园区企业 62 家 103 次，摸情况、提建议、解难题、抓落实，积极链接 5 所在渝高校双选会，帮助 11 家园区企业成功招聘技术骨干 80 余人，先后协调帮助企业解决实际问题 30 余个，被广大职工亲切地称为"娘家人""自家兄弟"。

通过向 1 000 余名青年职工调研，黄胜燊进一步发现，许多青年职工有学历技能提升、丰富业余生活的需求。找到了工作"组织难"的根源，便开始寻求破解问题的良方，"党群连心·志愿同行"党建引领青年工人项目在他的推动下"火热"实施起来，项目同时荣获第五届中国青年志愿服务项目大赛金奖。

一对一访谈调研

## 四、靠前站位，倾心暖民意，服务群众凝聚人心

"小黄，像我们这种春节不回家的，你们搞啥子活动不哟？"为了积极响应市有关留渝休假、就地过年的倡议，倡导和保障外来务工人员在渝过年，黄胜燊积极组织开展了"'渝'你相伴·高'新'同行"金凤园区关爱外地留渝过年职工行动。

通过送关爱，向企业发放"万元新春大礼包"；送交友，举办"青春之约"

线上婚恋交友专场活动；送文化，开展迎春"网络猜灯谜""阅读迎新年"线上活动，切实营造"留渝过年不孤单"的温馨氛围，累计参与青年职工达 1 894 人。

热"心"服务，细"心"落实，倾"心"思考，他用实际行动践行了一名西部计划志愿者的责任与担当，用真心书写了 2020 年最难就业季的最美青春华章。

在学校，他选择担任学生干部，服务师生，搭起学生和老师间的沟通桥梁，不断提升个人和班级同学的综合素养；在校外，他选择担任西部计划志愿者，服务群众，用行动践行入党誓词。扎根园区、扎根基层，服务企业、服务职工，他选择在成长中历练，在历练中成长，任岁月在服务中流淌，人生在奉献中升华。

（执笔人：陶军屹、李国英、潘伟）

# 25. 手指与粉笔的约定：一名公费师范生的成长足迹

西南大学

陈春林到重庆市第一中学教学快满一年了。这名西南大学 2016 级物理专业的公费师范生，对自己大学毕业能进入这所重庆市"头牌"重点中学任教很满意，甚至有点"小傲骄"。是的，作为一名师范本科毕业生，在当今研究生云集的年代，能够"过五关斩六将"一路 PK 竞聘成功重庆一中教师职位，他拥有"傲骄"的资格。毋庸置疑，回望大学四年的学习成长，他同样拥有"傲骄"的资格。

陈春林参加校运会

## 一、坚定"做一名优秀教师"的信念

"记得刚报到时，第一眼看到田家炳那块大石头上镌刻的'师魂'二字时心头一震，很有力量，印象很深。"

"新生教育中，参观校史馆、师元楼、吴宓园，观看《百年西大》，聆听陈教授等好几位教授的讲座，那心气儿一下提高了很多。真的，原来对中学小学老师的认识一下就不一样了，自己学师范当教师的情绪就高涨起来，信念就特别坚定起来。"

就是这种"一下就不一样了"的认识，打望教师画像的眼睛明亮了，崇高、渊博、灵魂、师德、理想、弟子……，教师的形象迅速丰满起来、昂扬起来、明耀起来。他，在浓郁的师范教育氛围中，在教育大师的荣光中，在先进丰饶的教育设施的体验中被滋润着，从一个"当老师"的空洞概念升华为"做教师"的心

"我的蓝图我的梦"简历设计暨大学生涯规划演说赛

灵激荡，从"我被录取到师范"的被动转变为"我要从事教育"的主动，从蹒跚进入大学的慌张转身为畅游知识海洋的坚定，"做一名优秀教师""当教育家"的信念稳固扎根于心。

## 二、锤炼"做一名优秀教师"的素养

一分耕耘一分收获，成绩来自勤奋。陈春林还清楚记得他的第一份"求职简历"，那是大一参加"我的蓝图我的梦"简历设计暨大学生涯规划演说赛时的模

科技创新竞赛之学术论文类比赛

师范生讲课比赛

拟"求职简历"。那份"求职简历"基本上是空白的，而正是这一处处刺眼的空白激发着他"填满"的欲望。随着《大学生职业发展规划》课程的学习和就业指导老师的辅导，他逐渐明白了"做一名优秀教师"应具备的素养，明确了需要努力的方向。

"大学四年很充实，历练的机会太多了，我参加了不少，自己都能感觉到自己的成长"，"多亏学校和学院组织了那么多丰富的活动，每个都很有意义，每个都想参加"，"当时应该很累吧，但是回想起来也没那么累，感觉就是充实，做有意义的事情可能不觉得累。"

这是陈春林对自己大学的感悟。他大一参加"我的蓝图我的梦"职业规划大赛、职业生涯讲座、教育人物生涯访谈、中小学参访活动，大二参加"红帽子"党员先锋队、"红粉笔"支教、"中华魂"系列活动，每年的"国家奖学金擂台赛"、每学期的"学霸寝室"、每月的"格物先锋"评选活动他都参与，还热衷于学院组织的"悟理讲坛""教授下午茶""生涯人物分享沙龙""校友面对面""立惠讲堂"等特色活动，并且还担任辅导员助理等学生工作，学习积极性和主动性不断高涨，学科专业素养不断提升，做人做事能力不断锤炼，学习成绩在年级名列前茅，多次获得奖学金。大学四年，陈春林充实耕耘，收获满满。

毕业生就业专场双选会

### 三、筑牢"做一名优秀教师"的技能

　　实践出真知，教学技能显英雄。大力提升师范生教学技能是学校提高教师教育质量的核心要素，也是陈春林孜孜以求的自觉磨炼。陈春林在学校丰富的教育技能课程中，在撰写教案、小组互评、上台授课的实践中，从教姿教态到备课试讲的实战中，从参加"师范生素质展示平台系列活动"——三笔字比赛、辩论赛、新媒体制作比赛、教具制作比赛、师范生才艺大赛、师范生演讲比赛、师范生课堂教学技能竞赛中，从参加"尚学杯"学术科技文化节、观摩物理创新竞赛和科普讲解大赛中，以及实习期间充分把握备课、听课、课前试讲、课堂教学、课后总结等各个教学环节的训练中，不断打磨教学技能，提高学术创新能力。

　　陈春林已成功走上人民教师岗位，怀揣母校四年的培育滋养，肩扛大学练就的教师本领，正沿着"做一名优秀教师"和"教育家"的信念坚定迈进。

（执笔人：刘沕雪、吴斯莉）

# 26. "三员"聚力，为毕业生就业引路导航

重庆邮电大学

2020 年，面对新冠肺炎疫情带来的部分企业岗位缩减、招聘形式转变并由此导致的学生就业焦虑增加等多重就业挑战，重庆邮电大学积极应变，凝心聚力，充分发挥辅导员在推动毕业生就业工作中的中坚力量作用，广泛发动全校辅导员积极联动家庭、校友和企业，切实当好就业宣导员、联络员和推荐员，为毕业生就业引路导航。

## 一、推进家校联动，当好就业宣导员

疫情期间，针对学生就业压力大、就业信心和动力不足、就业氛围不够等问题，学校动员辅导员进一步加强家校沟通联动，切实当好就业宣导员，通过召开"2020 届毕业生家校合力共促就业"线上家长会，向家长重点解读高校毕业生到基层就业、毕业生可免费参加定向就业培训等重庆市就业优惠政策，帮助家长树立信心，强调家长要与子女"统一战线"，合力打赢就业这场"硬仗"。

学生小 Z 是重庆籍建档立卡贫困户，父亲去世得早，由母亲独自抚养长大。该生进校后一直以成为一名国家公务员为就业目标，但在疫情期间出现焦虑情绪和"就业自卑"心态，消极就业且拒绝任何人的帮助。该生辅导员通过微信对小 Z 母亲进行"云家访"，简要介绍"重庆市市级机关录用公务员，除部分特殊职位外，均应从具有 2 年以上基层工作经历的人员中录用"的政策，基于学生的就业能力和意向，建议报名"西部计划"，到基层锻炼后考取公务员。此建议得到该生母亲的大力支持，她在家中督促小 Z 复习团情知识、时政热点、公文热点等

**重庆邮电大学校长高新波、东方红卫星移动通信有限公司**

**总经理谢云为重庆邮电大学 东方红卫星移动通信有限公司航天班开班授班旗**

考试内容，反复练习结构化面试和无领导小组讨论等面试技巧。在小 Z 母亲的支持和协助下，小 Z 重塑信心、全力备考，顺利通过"西部计划"选拔，现已入职长寿区万顺镇政府，成为一名基层工作人员。

通过腾讯会议召开"2020 届毕业生家校合力共促就业"系列线上家长会

## 二、促进校友互助，当好就业联络员

校友处在行业第一线，掌握了第一手企业招聘信息、行业信息、创新技术及行业发展趋势等有效资源。为充分发挥校友带动就业的积极作用，学校发动各班级辅导员主动加强校友联动，建立校友资源库，并在日常联系工作中切实当好就业联络员，主动邀请优秀校友企业进校招聘、展开"云"指导，并建立 2020届毕业生就业指导校友团队，邀请有丰富求职经验的优秀校友"云"打造简历、"云"分享求职技巧，帮助学生提升就业能力，提高求职成功率。

小 W 是考研落榜学生，此前从未做过就业准备，就业能力信心都极度缺乏，且萌生了再次考研的想法。辅导员邀请优秀校友对以小 W 为代表的考研落榜学生的简历进行"一对一"打磨；通过线上平台召开"2020 届毕业生就业学长帮帮帮"系列就业讲座，分享典型就业故事和求职技巧，提升学生线上应聘能力。小 W 在校友的帮助下，同时收获了一份"完美"简历、线上求职技巧和干货以及一次企业内推机会，最终获得华为 offer。

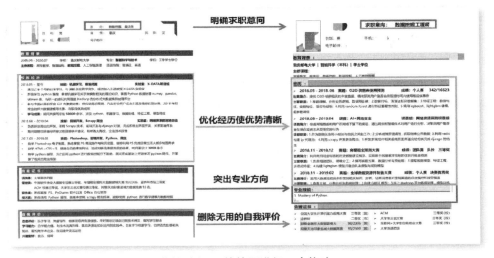

学长对小 W 的简历进行五次修改

## 三、加强校企对接，当好就业推荐员

受疫情影响，企业招聘形式普遍由线下转到线上，传统的现场面对面交流受

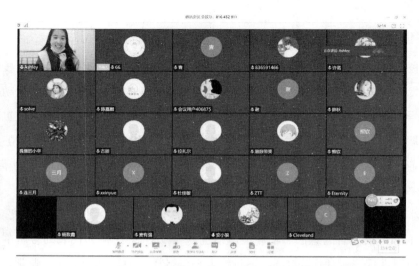

**通过腾讯会议召开"2020 届毕业生就业学长帮帮帮"系列就业讲座**

到一定限制。为切实增强线上有效沟通，提高学生求职成功率，学校鼓励辅导员主动参与过程指导，加强校企工作对接，切实当好学生就业的推荐员，在就业推荐工作中主动与企业交流互动，搭建中间沟通桥梁，通过电话、邮箱和微信主动与企业 HR 联系，积极向企业介绍学校概况以及学院学生情况，并根据企业招聘需求，向其推荐适合的学生，为学生争取面试机会。

小 C 是来自湖北一个小县城的女孩子。她专业能力较弱，性格腼腆，但是勤奋好学，英语是她的强项，出于性格原因，不善与人沟通交流，每次止步于面试环节。辅导员了解情况后，主动帮助她筛选适合的企业和岗位，并主动向企业HR 做点对点推荐，详细介绍该生的岗位胜任力和匹配度，突出英语能力强的优势，积极为该生争取就业机会。在精准推荐和精准指导下，小 C 最终获得了吉利控股集团的岗位。

（执笔人：马玺、黄毅）

# 27. 那里有最美的花朵在向阳盛开

重庆交通大学

时代在变，就业目标的选择不再是一眼就能望到头的，大学生求职之路也变得不那么顺利，如何指导毕业生树立正确的择业观，盯紧目标，并为之努力拼搏，是当下就业工作的一项重要内容。以下是重庆交通大学的一个典型案例。

## 一、基本情况

潘越，女，2016级旅游管理专业，重庆合川人；在校期间平均学分绩点3.46，专业排名21/123，通过导游资格证、国家英语六级等考试。就业初心为从事基层工作，多经波折后，最终如愿选调进入资阳市安岳县石羊镇人民政府工作。

## 二、就业过程

2020届旅游管理专业毕业生潘越刚入学时，大家对潘越印象并不是很好，她个性张扬、做事马虎，每次问及她未来的理想职业，她都一笑而过，感觉比较迷茫。所以，平时辅导员和她谈心时说得最多的就是："你未来想找什么样的工作？你这样，有把握找到你理想的工作吗？"作为学院党总支副书记、职业生涯规划课的任课老师魏巍，在一次课堂互动交流中却发现，这个平时看起来大大咧咧的女孩子，其实非常有主见，早已把入职基层或从事社区工作作为自己比较明确的目标。

但是现实总是与理想有较大差距，随着大二学年把主要精力用在了参与社团活动、志愿活动、担任干部等，其绩点与综测排名仅仅位居专业中游，加之了解

参加社团活动的潘越

参加某酒店活动的潘越

的就业信息越来越多，以及家里面对她未来就业的一些不同意见，大二的潘越意外陷入了就业"迷茫期"；经过与辅导员的多次面对面交流，以及参与学校的生涯规划个性化咨询及职业兴趣测试，"社会型"的她把就业选择调整为在沿海地区高端酒店工作。

2019年8月，潘越主动报名参加重庆市脱贫攻坚重点县奉节县的暑期"三下乡"社会实践活动，一周的时间过去后，潘越的性格突然变得沉稳了不少，隐约还有点闷闷不乐，思考问题与讲话的方式也明显发生了变化。辅导员在发现她这一变化后主动约谈交流，原来来自农村的她触景生情，感觉农村脱贫工作艰巨，乡村振兴还面临十分繁重的任务，突然又坚定了大一时候的就业选择，决定准备报考公务员，但家里面特别希望她能到一个收入高待遇好的大型企业工作，以尽快缓解家里还有弟弟上学等带来的经济负担，潘越是个懂事的孩子，内心自然也就开始纠结。

2019年11月至2020年3月，疫情给正在实习与求职过程中的潘越带来了新的动力，坚定了她的职业信念。一次与辅导员视频时，潘越动情地说："虽然实习被终止，但看着医护人员'逆行'的大爱，看着社区人员送物资的身影，我触动很大，毅然决然留在苏州成为一名社区防疫志愿者。"这次特殊的经历，让这个还未真正踏入社会的准毕业生，深切体会到了中国共产党为什么"能"，中国特色社会主义为什么"好"！"对，不等也不选了，我要去基层，考取选调生。"后经辅导员与家长多次沟通，家里终于同意她报考，但前提是一定要一次成功，

潘越参加选调考试

否则就不支持。

半个月后,带着这样的信念,潘越参加了2020年8月四川省的选调考试。虽然再次遗憾落选,但仿佛幸运女神眷顾了她,她以调剂第一名的成绩进入资阳市的面试,最终以面试第一的成绩被录取。9月8日,当她回校同学院领导与老师分享这个消息时,充满了激动与感谢,眼中带泪。

如今在资阳市安岳县石羊镇人民政府工作的潘越,非常珍惜来之不易的机会与平台,在岗表现主动积极,遇事乐观直面问题,热情主动做好服务,希望在石羊这个宁静而充满朝气的地方开启职业生涯,成为一朵美丽、向阳盛开的花朵。

工作中的潘越1

## 三、就业难点

1.学生入校初期,性格充满活力但做事马虎大意,与就业初心及其要求存在不匹配性；主动锻炼综合素质，但学习成绩一般，思考问题的系统性与解决问题的能力一般，与岗位要求存在差距。

2. 就业过程中，由于大量信息、身边案例带来的就业价值观冲击与调整，曾短暂出现就业信心不足、目标改变与情绪困惑。

3. 家长急于改善经济问题，强势要求其进入收入高待遇好的企业工作，对其带来了烦恼与影响，面临两难问题时，大学生的就业决策能力需要经得住考验。

4. 毕业生在实习或求职过程中的一些不可控因素，既有可能坚定其就业信念，也有可能动摇其信念。

5. 选调笔试复习等时间相对较短，求职面试技巧有待提高，导致第一次复试效果并不理想。

工作中的潘越 2

## 四、经验与启示

1. 对于刚进入大学的学生，宜尽早引导其自主完成职业规划，了解就业现状和不同行业情况，树立合理合适的就业预期，有针对性地从学习成绩、专业技能、创新竞赛、社会实践、能力提升等方面，做好各种就业前期准备。

2. 结合霍兰德职业兴趣测试等专业量表，给予学生开放式、启发式的建议，量表只是参考，绝不能作为唯一依据，需要结合学生的生涯价值观、就业价值观等，引导学生结合实际分析优劣势、挖掘潜力、找寻兴趣、补强短板、训练特长并逐步明确目标。

3.加强家校联动，引导家长加强对就业形势和就业政策的了解，全力争取家长对学生就业选择的理解与支持；在关心学生就业进展与决策的同时，一定要做好心理疏导与情感支持，让学生感到被关心、被重视、被支持，提升就业信心和内在动力。

4.就业指导课的实践性、实战性、实效性至关重要，须结合学生多元化的就业选择，提供有针对性的同类型案例，给予他们直观、直接的借鉴与练习，为了目标做出更加高效准确的求职准备，从而提高求职成功率。

（执笔人：魏巍、肖丽群、杨玥）

# 28. 全员参与促就业，多措并举保质量

重庆工程学院

## 一、考核激励双管齐下，全员参与真抓实干

2020 年，面对疫情带来的严峻就业形势，重庆工程学院管理学院严格落实就业"一把手"工程，紧密围绕学校"六层五级"责任体系开展工作。一是坚持全员就业责任制，做到千斤重担人人挑、人人肩上有指标。学院根据就业目标任务分别制订系部和毕业生辅导员考核管理办法，将就业落实率、回访成功率等关键指标纳入系部年度考核和教师个人学年度考核，对毕业班辅导员每月发布常规工作和阶段性目标任务书，明确月度工作内容和考核标准，引入月度量化记分卡等工具进行考核。二是坚持工作周报制度，稳步推进就业目标任务落实。学院按照专业、实习指导老师、辅导员所带班级等多个维度对就业情况每周进行排名和

徐先航老师

通报，不断加强就业责任落实和工作督导。在 2020 年 3 月，学院公布实习指导教师所带学生就业落实率排名后，人力资源教研室主任徐先航老师所指导的毕业生就业落实率仅为 20%，排名垫底。徐老师倍感压力，主动找到就业科长明确目标、工作要点、学生就业流程，主动联系所指导的学生，为他们分析就业形势、推荐岗位，通过各种渠道开展就业指导，主动去学生实习和就业的用人单位走访了解情况。到

5月底，其指导的15名毕业生全部实现就业。三是出台配套奖励激励政策，积极调动就业工作积极性。学院合理使用就业指导中心划拨给二级学院的就业工作经费，设置阶段性奖励和结果性考核奖励。在考核与激励的双重正能量影响下，学院全员参与就业工作的氛围浓厚、成效显著。

## 二、精准帮扶困难群体，就业指导全面覆盖

学院坚持做好特殊困难群体的就业帮扶和指导。一是落实一生一策，做到全面覆盖。对建档立卡、残疾、就业困难等学生重点关注、重点帮扶，实施"一对一"就业指导，采取有针对性的就业辅导和工作推荐。在具体的帮扶工作中，学院对每一位困难毕业生进行情况了解，了解他们特点、就业意向，及时向他们传递最新的就业信息、就业政策，做到有的放矢地推荐就业，做到一生一策。二是提供就业保障，"带着学生找工作"。学院毕业生冉某，身体残疾、行动不便，属于就业特别困难学生。副校长王琼花是冉同学的就业帮扶责任人。王校长详细了解该生的实际情况和就业意愿，主动联系并推荐其在学校人事处实习，积累工作经验。学院教师也广泛收集就业信息，推荐该生就业。学院安排专人带着她参加一次次的求职应聘，最终该生成功入职某人力资源公司，担任人事招聘岗位。通过毕业后的跟踪回访，该生目前在公司工作表现良好，在国家政策帮助下成功申请到公租房，工作和生活也逐渐稳定。学院全体老师对困难学生细致入微的帮扶，使困难群体学生实现了100%就业！

普通高校残疾毕业生专场双选会

## 三、加强校企合作产教融合，就业质量逐步提高

学院坚持贯彻学校"校企合作、产教融合"的办学理念，积极探索校企合作的深入和优质发展。一是先后与众多知名企业共建校企合作订单班，为学生就业提供优质就业选择。学院与中汽西南、江小白、苏宁易购、永辉超市、涪陵榨菜、学而思等企业建立了长期合作关系，围绕行业需求开展了订单式人才培养，为毕业生提供专业对口度高、薪资水平较高、有利长远发展的优质就业岗位。二是与企业共同制订订单班管理制度。校企双方从岗位梳理、企业宣讲、学生选拔、课程培训、岗位实操等环节协作配合。每个校企合作订单班均配备有企业和校内双班主任。校内班主任深入学生就业岗位进行指导，帮助同学们解决工作和生活上的困难，定期在企业召开班会，帮助学生快速成长。三是高质量就业成效显著。近四年来，管理学院市场营销专业累计 696 名学生通过校企合作订单班实现就业，占该专业毕业生总人数的 57%。市场营销专业历届学生就业率保持在 95% 以上，高质量就业率达 35% 以上，为推进毕业生充分就业、高质量就业做出了积极贡献。

苏宁易购订单班签约授牌

（执笔人：王燕楠、吴优）